中国职业技术教育学会
智慧旅游职业教育专业委员会推荐用书

专家指导委员会　主　任／韩玉灵
　　　　　　　　副主任／章　艺
总主编／杜兰晓

| 民宿管理与运营系列教材 |

民宿产品创新与开发

MINSU CHANPIN CHUANGXIN YU KAIFA

主　编　沙绍举　王永盛　张晓旭
副主编　柳佩璐　李　洋

北京·旅游教育出版社

立体化教学资源

图书在版编目（CIP）数据

民宿产品创新与开发 / 沙绍举，王永盛，张晓旭主编. -- 北京：旅游教育出版社，2022.8
民宿管理与运营系列教材
ISBN 978-7-5637-4431-2

Ⅰ．①民… Ⅱ．①沙… ②王… ③张… Ⅲ．①旅馆－经营管理－高等职业教育－教材 Ⅳ．①F719.2

中国版本图书馆CIP数据核字(2022)第120209号

民宿管理与运营系列教材
民宿产品创新与开发
沙绍举　王永盛　张晓旭　主　编
柳佩璐　李　洋　副主编

总　策　划	丁海秀
执行策划	陈凤玲
责任编辑	陈凤玲
出版单位	旅游教育出版社
地　　址	北京市朝阳区定福庄南里1号
邮　　编	100024
发行电话	（010）65778403　65728372　65767462（传真）
本社网址	www.tepcb.com
E - mail	tepfx@163.com
排版单位	北京旅教文化传播有限公司
印刷单位	北京柏力行彩印有限公司
经销单位	新华书店
开　　本	710毫米×1000毫米　1/16
印　　张	10.75
字　　数	144千字
版　　次	2022年8月第1版
印　　次	2022年8月第1次印刷
定　　价	59.80元

（图书如有装订差错请与发行部联系）

民宿管理与运营系列教材
专家指导委员会、编委会

专家指导委员会

主　　　任：韩玉灵
副　主　任：章　艺
委　　　员：闫向军　康　年　魏　凯　卓德保　丁海秀

编委会

总　主　编：杜兰晓
执行总主编：卢静怡
委　　　员（按姓氏笔画顺序排列）：

马志刚　王永盛　毛景伟　文　娅　方　晖　尹　萍　孔　杰
邓淑霞　甘飞云　叶丽芳　仝洁洁　朱　莎　伍卫军　刘　萍
刘琳琳　闫雪梅　阳淑瑗　纪文静　李　洋　李　峰　李东旭
李　华　李丽英　杨　帆　杨诗兵　杨轶哲　杨淇深　吴高红
余家富　汪　颖　沙绍举　张兆蒙　张晓旭　张懿卓　陈长春
赵永红　查　俊　柳花鹏　柳佩璐　姜录录　洪　涛　姚建园
夏　莹　徐灵枝　凌新建　郭贵荣　褚孝立　熊丹华　魏　凯

《民宿产品创新与开发》编委会

主　　　编：沙绍举　王永盛　张晓旭
副　主　编：柳佩璐　李　洋

总序 PREFACE

随着国民经济增长、美丽乡村建设、休闲时代发展、消费市场迭代，民宿作为一种体验城乡美好生活的新生事物、新型业态，得以快速发展起来。民宿联动一产（生态农业、创意农业）、二产（建筑、装饰、制造业）、三产（旅游、度假、服务、金融业等）与城乡发展有机融合，在推动乡村振兴、共同富裕、解决"三农"问题等方面发挥着重要作用，是践行"两山理论"、实现"美丽经济"的有效载体。

民宿行业方兴未艾，不可避免地遭遇人才瓶颈问题。2021年3月，教育部全面修订职业教育专业目录。本人很荣幸地受教育部委托，作为组长牵头旅游大类中高本一体化专业目录修（制）订工作。在此过程中，由浙江旅游职业学院牵头申报了"民宿管理与运营"这个新专业并得到批准。自此，"民宿管理与运营"成为高职院校独立的专业，并于2021年9月正式开始招生。2022年7月，人社部发布了《中华人民共和国职业分类大典（2022年版）》，"民宿管家"等18个新职业位列其中。新专业、新职业需要新的教材体系支撑，"民宿管理与运营"专业亟需一套与之相匹配的专业教材。

在旅游教育出版社的邀请和大力支持下，我们开始筹划全国首套民宿管理与运营系列教材的编写与出版工作。2021年6月，浙江旅游职业学院承办了民宿管理与运营系列教材论证会，牵头组织了一个多行业、多学科的专家团队，全国有浙江旅游职业学院、青岛酒店管理职业技术学院、山东旅游职业学院、南京旅游职业学院、浙江警察学院、云南旅游职业学院、郑州旅游职业学院、北京财贸职业学院、浙江商业职业技术学院等14所院校参与了本套教材研讨与编写工作。此外，我们还邀请了浙江省文化和旅游厅、中国旅游协会民宿客栈与精品酒店分会、浙江省旅游民宿产业联合会、途家、Feekr旅行以及40多家全国和浙江省等级民宿参与此项工作，为教材编写提供指导和优秀案例。

历时一年多时间，我们相继完成了《民宿概论》《民宿安全管理实务》《民宿产品创新与开发》《民宿管家服务》《民宿新媒体营销》5册组成的全国首批系列教材的编写工作。在编撰过程中，我们注重工学结合，力求形成比较完整的民宿知识体系。教材内容大多采用情境教学设计和项目教学方法，把实用的理论知识和实践技能在仿真情境中融会贯通，使学生既能掌握扎实的理论知识，又能学以致用。同时，根据行业或岗位要求，把国家标准、行业标准、职业标准及工作流程引入教材中，着力培养学生岗位适应能力，充分体现职业教育特色。

在此，要衷心感谢上述各参编单位的大力支持，以及编写团队的倾情付出。同时，也诚挚感谢以韩玉灵教授为主任、章艺教授为副主任的专家指导委员会的悉心指导和帮助，以旅游教育出版社丁海秀副社长为首的工作团队的辛勤付出和努力。

本套教材既可作为中高职旅游类专业教学用书，也可作为职业本科旅游类专业教学参考用书。同时可作为工具书供从事民宿管理与运营的企事业单位专业人员和社会人士借鉴与参考。

本套教材虽凝聚多方心血而成，但基于民宿行业研究尚处在起始阶段，作为全国第一套民宿管理与运营专业系列教材，肯定还存在诸多不足和遗漏之处，恳请读者不吝批评和指正，我们将在今后再版过程中予以完善与修正。

总主编：

2022年8月

前言 FOREWORD

　　盘活乡村文化和旅游资源，拓宽农民增收渠道，引领农村经济快速发展，旅游民宿已成为助力乡村振兴的重要力量。民宿注重个性与体验，强调人情味、乡愁和舒适放松，既为游客带来前所未有的住宿体验，又可助推乡村旅游转型升级，由此，"民宿经济"应运而生。在民宿消费需求迭代升级大背景下，民宿要想保持稳定而高质量的发展，民宿产品也应与时俱进，不断创新，从而满足游客的新需求。

　　作为旅游民宿发展的关键内容，民宿产品创新与开发是民宿服务与管理人才培养的专业核心课程之一。本教材结合旅游院校民宿研究和民宿行业应用实践相关成果，将新型理论方法、前沿思想和实践案例应用充实到教材中，注重理论知识讲解和实践操作技能的融会贯通，提供符合社会发展和旅游行业需求的教学内容，为旅游管理、民宿管理与运营、酒店管理与数字化运营等旅游类本、专科相关专业提供教学资源，同时也为相关企业人员和从业者自学提供相应的学习参考。

　　本教材共分五章。第一章介绍民宿产品内容、产品特征、产品定位，以及民宿产品创新与开发；第二章介绍民宿游览产品设计方法、设计原则、设计步骤，以及民宿游览产品创新与开发；第三章介绍民宿文创产品基本概念、特征、产品分类、设计原则与方法、设计流程，以及民宿文创产品创新；第四章介绍民宿娱乐产品设计方法、设计原则、设计流程，以及民宿娱乐产品创新与开发；第五章介绍研学旅行产品、旅拍产品、非遗产品，以及人文雅集等不同类型民宿主题产品的创新与开发原则及设计流程。

　　本教材由沙绍举任主编，负责教材的整体设计和统稿。第一章主要由沙绍举编写，第二章、第四章主要由张晓旭编写，第三章主要由柳佩璐编写，第五章主要由王永盛编写。另外，Feekr旅行创始人李洋为本教材提供了部分素材。

　　在本教材即将付梓之际，诚挚感谢国内民宿服务管理、研学旅行、非物质文化遗产、文创开发与设计的专著、教材和许多高水平论文报告的作者们。他们的作品为我们编写本教材提供了丰富的参考，使我们受益匪浅。在此，衷心感谢浙江旅游职业学院、黄山职业技术学院、郑州旅游职业学院和旅游教育出版社的有关领导、专家和编辑，他们为本教材的撰写和出版付出了辛勤的劳动，提出了有益的修改建议。

　　由于水平有限，加之旅游住宿行业发展很快，教材中难免会有一些不足和疏漏之处，欢迎使用本教材的读者提出宝贵意见。

编者
2022年8月

目录 CONTENTS

第一章　民宿产品基础知识 ··· 1
- 第一节　民宿产品内容 ·· 3
- 第二节　民宿产品特征 ··· 13
- 第三节　民宿产品定位 ··· 18
- 第四节　民宿产品创新与开发 ····································· 28

第二章　民宿游览产品 ··· 35
- 第一节　民宿游览产品设计方法 ································· 37
- 第二节　民宿游览产品设计原则 ································· 40
- 第三节　民宿游览产品设计步骤 ································· 46
- 第四节　民宿游览产品创新与开发 ····························· 51

第三章　民宿文创产品 ··· 55
- 第一节　民宿文创产品设计概述 ································· 57
- 第二节　民宿文创产品设计原则与方法 ····················· 72
- 第三节　民宿文创产品设计流程 ································· 80
- 第四节　民宿文创产品创新 ··· 89

第四章 民宿娱乐产品 95
第一节 民宿娱乐产品设计方法 97
第二节 民宿娱乐产品设计原则 99
第三节 民宿娱乐产品设计流程 104
第四节 民宿娱乐产品创新与开发 107

第五章 民宿主题产品 113
第一节 研学旅行产品 115
第二节 旅拍产品 131
第三节 非遗产品 140
第四节 人文雅集 152

参考文献 161

第一章
民宿产品基础知识

| 本章导读 |

  本章简要阐述了民宿产品的内容，明确了民宿产品的特征，介绍了民宿产品定位的步骤，并在此基础上阐述了创新的特点、形式与方法、创新思维的开发与培养，以及民宿产品创新与开发的内容和趋势，使学生对民宿产品及创新、开发有一个初步认识，为学习后续章节的内容奠定理论基础。

学习目标

1. 掌握民宿产品内容。
2. 理解民宿产品特征。
3. 熟悉民宿产品定位的步骤。
4. 了解创新的特点、形式与方法，创新思维的开发。
5. 掌握民宿产品创新与开发的内容。

思维导图

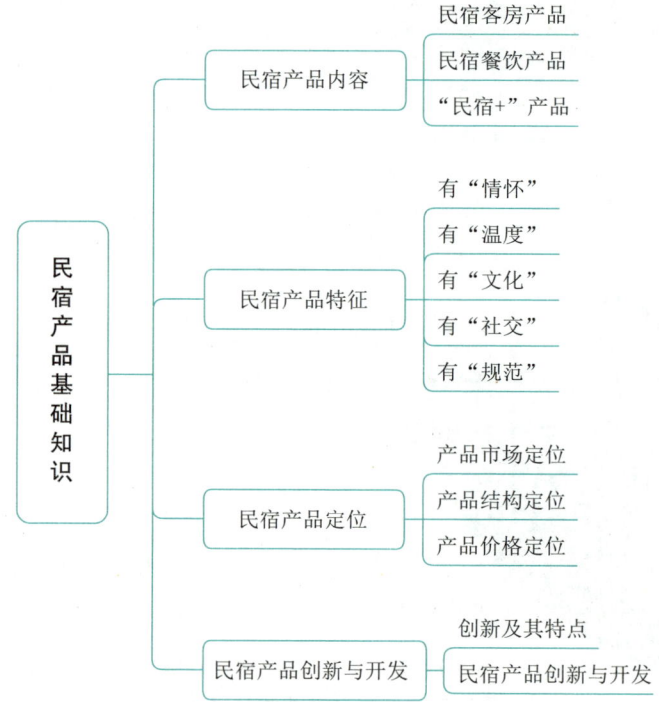

第一节　民宿产品内容

【案例导入】

民宿除了客房收入，还可以有什么？

因疫情很多行业受到了不同程度的影响，民宿也是如此。如何让自己的民宿收入可以更加多元化，抵御风险的能力更强些，是每个民宿人都在思考的问题。

传统思维中，民宿是一个自有的闲置空间，可以出租给客人入住。自然，民宿的核心收入就是客房收入，也就是租金。此时，不妨改变一下对民宿的认知：将它理解为一个体验生活的载体，一个可以体验不同的文化、不同的气候、不同的风景、不同的美食……的空间。

问题一：客人对哪些体验项目印象最好？

可以从民宿的地域特色出发，看看周边的美食、手工艺、文化等有什么独特之处，或者从民宿主人擅长的领域出发，看看有什么是可以提供给客人的增值服务。

开拓一下思维：也许是民宿里特别新鲜的食材？特色的工具展示或有意思的玩具？主人酿酒的好手艺？抑或是独一无二的风景？

问题二：这些体验项目中哪些是可以提高关注度、入住率以及用户黏性的？可以让房费溢价的？或者说还可以让客人另外付费的？

手工制作？旅拍？郊外野餐？下田劳作？丛林探险？……

最重要的是要做出自己的特色，找到愿意为此持续埋单的受众群体。

问题三：这些体验项目中哪些是客人可以不受时空限制而能享受的？

比如民宿周围有个有机水果种植基地，每个季节都会产出新鲜水果，客人大都很喜欢。那么，在客人不到民宿来消费的时候，是否还可以继续享用这些新鲜水果呢？

问题四：怎么做可以让客人在家中还能拥有这些美好的体验？

将美好的体验产品化，然后再将它们送到客人手中。比如民宿利用山泉水和当地的稻米做出的米酒特别受欢迎。在民宿饮用，只需要用竹筒从酒缸中舀出来即可，如果想让客人带走，还需要装瓶、密封、包装、贴牌等，这样就变成完整的米酒产品，可以通过物流发货给全国各地的客人。

此时，肯定会有人问：通过前面几个问题找到发展机遇，看似谁都可以做，那么民宿来做会有什么优势呢？

因为民宿是一个特别好的在地深度体验空间，客人在这个空间停留时间长，会有食、住、行、游、购、娱全方位的体验。客人是在民宿体验过之后，对民宿产品和服务有了认可后才会产生后续的消费。这种消费相对黏性会更高，所以做起来会更加容易，民宿周边的农户、手工艺人、农场、加工厂也多愿意与民宿合作，实现双赢。

问题五：体验项目太多了，优先做哪些呢？

建议先从淡季的相关体验项目入手，因为多数民宿淡旺季明显，旺季"累死"，淡季"闲死"。其实，这样对人员管理、设施设备维护保养都不利。因此，应当先从能够帮助提升淡季入住率或者增加淡季其他收入的体验和产品入手。

（资料来源：知乎专栏《民宿除了客房还可以有什么收入？》）

【案例分析】

民宿区位、主人性格、客人的千差万别导致了对上述问题的回答无法一概而论，跟着这五个问题线索，一步步深入思考，相信一定可以找到民宿多元化经营的方法，不断丰富民宿自身的产品。

【思考】

民宿除了客房产品，还可以有哪些产品？

一、民宿客房产品

（一）民宿客房的作用与意义

人们外出旅行，无论是度假还是出差，首先必须要有地方休息、住宿，这是旅游活动能够持续进行的基本条件。民宿客房正是向客人提供住宿的物质承担者。尽管民宿的其他设施完全可以根据其等级和规模来确定是否设置，但客房是民宿必不可少的基本设施，是民宿的主体部分。客房服务是否周到、房内设施是否完好、物品是否齐全、环境是否安静和舒适等因素，对客人都有直接影响。客人在客房产生的体验和评价往往成为衡量民宿服务质量的重要指标。

1. 客房是民宿运营的核心

从建筑面积看，客房面积一般占民宿总面积的 50%~70%，如果加上客房产品营销活动所需的前台、布草房等区域，占比更高。此外，在民宿的固定资产中，客房配备的设施设备无论种类、数量、价值，都在民宿物资总量中占有较高比重。由此，客房是民宿运营的核心。

图 1-1 民宿客房

（图片来源：云南元阳十二庄园香典民宿）

2. 客房是民宿的主要收入来源

客房是民宿主要的创收来源，客房的营业收入一般占民宿营业收入的 50% 以上，有的甚至超过了 70%。客房在初期建设时投资较大，但后期经营成本低、利润高。客房的有效管理会增强民宿活力，提高民宿收益。同时，通过客房的销售，也会带动民宿其他经济收入。因此，大部分民宿投资人都十分重视客房资金的投入比例，注重客房配置的数量和客房装饰的质量。

3. 客房服务是衡量民宿服务质量的重要因素

每一位入住民宿的客人，除了前台给其留下第一印象外，能否取得客人的信任感和满意度主要还是看客房情况。客房是客人入住期间逗留时间最长的场所，客房服务水平可以说反映了整个民宿的服务水平，也是衡量一家民宿服务与管理质量高低的主要标志。

（二）民宿客房服务内容

客人住宿期间，不仅要求客房清洁、舒适，还要求提供相应的服务。客房服务是民宿服务的重要组成部分。民宿的客房规模偏小，一般总面积不超过 800 平方米。因此，民宿的员工数量也相应偏少，各岗位工种之间往往是分工不分家，大多数岗位的职责要求都是一专多能。其中某些业务，如专项的清洁保养工作、布草洗烫等，都可以由社会上的专业公司来承担，这种服务外包的方式可有效降低民宿的经营管理成本，提高工作效率。

虽然承担客房服务工作的主体可以是民宿内部员工，也可以是外聘人员，甚至可以直接把某些项目交给专业公司来承担，但是一定要确保民宿客房的服务完善、温馨，否则会直接影响客人的体验价值。而出色的民宿客房服务则会让客人的体验价值等于或大于期望价值，从而对客人的入住体验产生积极影响。

1. 布草服务

布草是指民宿里差不多跟"布"有关的东西，包含客房床上用品、卫浴用品、公共区域用品等。

（1）布草分类

根据布草的用途，可分为床上布草、卫浴布草和其他布草。

①床上布草：床单、被套、枕套、被芯、装饰面料等。

②卫浴布草：方巾、面巾、浴巾、浴袍、吹风机袋等。

③其他布草：沙发套、内纱帘、遮光帘、帷幔、桌布等。

（2）布草换洗原则

民宿的布草应时刻保持无破损、无污渍、不褪色、无异味，外观整洁，松软适宜，与客房整体布置相协调。客房内布草可根据客人需求随时进房整理，确保客用品和消耗品齐全，并做到每客必换。

（3）布草配备

客房布草包括在用布草和备用布草两部分。在用布草是指投入日常使用和周转的布草，备用布草是指存在库房以备更新补充使用的布草。确定在用布草的定额时，要综合考虑以下四个因素：能够适应满房时的使用和周转需要；能够适应布草清洗外包对布草周转所造成的影响；能够适应民宿关于布草换洗的规定和要求；能够适应可能发生的布草周转差额和损耗情况。确定备用布草的定额时，要综合考虑以下四个因素：布草的损耗率；布草更新补充的周期和数量；订制和购买新布草所需的时间；布草库存条件。

客房布草配备须有合理的定额标准，要防止定额的不合理而影响布草的正常供应以及造成无谓的闲置和损耗。布草的定额标准与民宿等级有关。高等级民宿的布草配备定额一般为 2.5~3 套/间，其中一套在客房使用，一套在外包清洗公司，一套存在布草房，而低等级民宿一般配备 1.5~2.5 套/间。各种布草的损耗情况并不完全一样，民宿布草库存不宜过多，防止库存时间过长而造成自然损耗。此外，因褪色、污渍无法去除或破损而被报损的布草可以回收再利用，比如改做抹布、手提袋、洗衣袋等。

2. 卫生保洁服务

民宿的客房卫生保洁包括客房内部及公共区域两部分。其中，公共区域保洁工作的范围较为分散，内容也较多，包括民宿内除客房和厨房、布草房、消洗间等后台区域以外的客人活动区域，如厅堂、楼道与楼梯（电梯）、餐厅、公共卫生间、地毯、庭院的清洁工作。

（1）厅堂

厅堂是民宿的营业橱窗，是民宿客人活动的主要场所之一，同时也是客人留下第一印象和最后印象的地方，还是进出最频繁的公共区域。因此，对厅堂的卫生保洁至关重要，厅堂卫生情况直接反映民宿的整体服务质量，反映着服务人员的工作质量和管理人员的管理水平。因此，任何等级的民宿都不可忽视对厅堂的卫生保洁工作，它是保洁工作中较为重要的一个内容。

（2）楼道与楼梯（电梯）

与厅堂一样，楼道与楼梯（电梯）也是客人使用频繁的场所。经过每日住店客人使用后，都会造成卫生的污染，这就需要负责公共区域卫生的员工每天及时清扫，保持楼道与楼梯（电梯）的清洁卫生。

（3）餐厅

餐厅是客人用餐的场所，保持餐厅的环境清洁卫生是保证客人正常用餐和食品安全卫生的重要环节。餐厅的卫生要求较高，需要根据客人需求随时进行清洁与维护。要做到每餐后及时清洁，每天营业结束后进行全面、有计划的清洁消毒工作，做到餐桌、餐椅、地面、墙面和天花板无污渍、无灰尘、无蜘蛛网等，使餐厅内始终保持最佳的卫生状态。

（4）公共卫生间

公共卫生间应加强管理，落实专人负责清洁卫生和设施维护工作。每天应清洁两次，持续保持地面、便池、洗手池整洁，并确保正常供水。要对公共卫生间加强消毒和除臭处理，并可用绿萝、白掌、铁线蕨、富贵竹、粉黛叶等绿色植物来美化卫生间环境，使空气更加清新。

（5）地毯

地毯可为民宿营造美观多样化的室内氛围，有助于降低噪音，并为客人提供舒适的踏足地面。地毯根据材质不同，可分为羊毛地毯、聚丙烯地毯及尼龙地毯。不管是什么材质的地毯，一般都是由面层、承托层、副承托层及衬垫层四层结构组成。污渍、赃物分布在多层次的地毯结构中，容易被隐没埋藏，可采用预防、日常清洁、周期性清洗及深度清洗的方法来进行地毯的维护保养。

（6）庭院

庭院是客人途经、逗留和休息的场所。庭院保洁是民宿的一项重要工作，是公共区域保洁工作必不可少的内容，主要有卫生清洁工作和绿化工作，既有对绿地的养护，也有对绿地内的卫生维护，以此营造清洁、优美、宜居的民宿生活环境，提升民宿整体品质。

3. 物资管理服务

（1）物资的分类

民宿物资主要分为以下三种。

① 设备：家具、电器、卫生设备、安全及消防设备等。

② 物料用品：床上用品、餐厅用品、卫生间用品等。

③ 低值易耗品：宣传册、文具、纸巾等用品。民宿不同于酒店，低值易耗品的采购主要根据民宿主人的经营管理理念进行添置。

（2）物资配备的原则

① 具有实用性。

③ 具有安全性。

④ 有利于节能减排、保护环境。

⑤ 便于维护保养。

⑥ 具有特色，并且和主题布局协调。

二、民宿餐饮产品

（一）民宿餐饮的作用与意义

自古以来，我国就有"民以食为天"的说法，中国人在饮食上追求美感与愉悦，讲究色、香、味、形俱佳。我国饮食不仅内容丰富，其背后蕴含的文化也非常丰厚。民宿餐饮对于中国人而言，不仅是对食物的享用，满足客人消费和休闲的需求，更是提供了民宿主人和客人对话的社交场所。

餐饮管理是一项集经营与管理、技术与艺术、秉承与创新于一体的业务工作，与其他部门的管理相比，具有不同的特点，要求民宿在餐饮管理上独具特色，以适应民宿主人的要求。民宿餐饮不同于其他餐饮行业，更多是通过有形的餐饮产品、独特的就餐环境和无形的餐饮服务为客人创造出"回家"的体验和感受。

1. 餐饮收入是民宿收入的重要来源

餐饮是民宿获得经济收益的重要来源之一。餐饮收入一般占整个民宿收入的30%~35%。不过有的民宿，餐饮收入甚至高于客房的收入，占整个民宿收入的50%以上。

2. 餐饮在民宿管理中难度较大

民宿餐饮相对于饭店餐饮，其采购、生产、销售的物流和现金流即时性更为明显。就目前选聘民宿服务人员而言，对其文化要求不高，可促进当地乡村就业，保障灵活就业。但与此同时，民宿餐饮灵活的经营方式又对从业人员提出了挑战。

3. 餐饮服务是衡量民宿服务质量的重要因素

餐饮服务水平主要受两方面的因素影响：一方面是物的因素，即餐饮的"硬件"，包括餐厅氛围、设施设备、家具、餐具等；另一方面是人的因素，即餐饮的"软件"，包括餐厅服务人员的工作态度、服务技能、文化修养等。这两方面也是保证餐饮服务质量的关键因素。

餐饮是民宿经营中比较重要的内容，餐饮服务水平不仅是满足客人需求的综合反映，也是餐饮"硬件"和"软件"完美结合的具体体现。一般，有吸引力的民宿餐饮产品大多都体现当地的风土人情、地方特产及传统饮食文化。

（二）民宿餐饮的服务内容

1. 早餐

多数民宿客人以民宿为据点，在周边进行全天的旅游活动。在民宿的停留时段主要为晚间休息及早餐享用。相对于饭店的餐饮部，B&B模式下的民宿将一日三餐的重心几乎都倾注在早餐上。餐饮服务相较客房服务，更直观、动态地展现了民宿主人的服务理念，体验感与互动感更强。台湾地区民宿行业更有着"过一天他乡的生活，莫过于吃一顿民宿主人精心准备的早餐"的说法。

民宿早餐提供的食材种类要灵活多变，既可以带给客人惊喜，又兼顾营养搭配。盛放早餐的餐具可以使用家居碗碟，也可以使用九宫格餐具并搭配造型别致的组合小碟。虽食材多样，却也整整齐齐，自由搭、随心选，让客人每天都有不一样的好心情。

2. 茶点

除早餐外，一般民宿还提供茶点服务，主要包括前台等候区的糖果、饮品或传统点心，餐厅的茶水，客房内夜床服务的睡前小点等。客人可根据自身的喜好选择西式下午茶组合或是中式功夫茶、手工小点的搭配，既可独自消遣，又可与朋友分享。

图 1-2　民宿里的茶点

（图片来源：云南元阳十二庄园香典民宿）

3. 正餐

有时，客人对一个地方的记忆，可能会定格在某一个瞬间，或者就是一道简单的美食。若干年后，客人可能想不起来那个民宿的大部分细节，却常常会想念记忆深处的味道。因此，做好民宿的正餐，对于民宿而言很重要。

民宿主人会根据民宿自身的市场定位，为客人提供中式或西式正餐。中式正餐可选用当地原生态健康食材，一年四季搭配不同时令菜，有荤有素，营养可口；西式正餐可严选精良食材，并搭配口感纯正的红酒，营造轻奢浪漫的氛围。

此外，部分民宿可为客人提供自助式厨房，由客人根据自己口味自行烹调，但必须提前预订以便采购食材。

三、"民宿+"产品

民宿作为一种乡愁与乡土相结合的产物，被称之为有温度的住宿、有灵魂的生活，正好迎合了当今"走心"的消费需求。然而，当文艺、怀旧逐渐"泛滥"后，民宿的竞争变得越来越激烈：一是民宿设计方面，很多人认为民宿设计仅限于装修设计、客房设计等刚性主题设计，其实不然；二是体验度方面，越来越多的

视频 1-1：鹤壁灵泉妙境民宿集群

客人开始要求"不仅仅是租住"的增值体验，民宿产品面临升级迭代；三是收入方面，大多数民宿的收入来源主要是客房收入，收入来源单一且有一定的局限性，民宿经营在多面夹击中陷入困局。

在市场竞争、游客需求的推动下，做长产业链，拓展相关功能，实现多产业联动，这既是民宿主人拓宽收入来源的重要渠道，也是为客人提供多元化选择的重要方式。

1. 民宿 + 土特产

人们的生活越来越趋向于城市化，农村的特色产品正在逐渐被人们遗忘，但与此同时，有一些在城市住久的居民开始担心自己的饮食是否健康，开始怀念农民的淳朴，农村的生活、特色菜，而农村的天然产品、土特产恰好迎合了这一需求趋势，且越来越受欢迎。

图 1-3 民宿里的特色饮品

（图片来源：东流飞地学苑）

2. 民宿 + 文创

民宿如果单纯地摆设一些农耕文化遗留下的风物，会显得过于初级和低档。如果能活化一些带有地域文化的风俗、风情、风味的产品，这个过程我们就可以称之为文化创意，从而增加产品的附加值。比如，石头手工画，不仅看上去非常有趣，而且会让小朋友有一种跃跃欲试的感觉，也好想在石头上画一画。

3. 民宿 + 非遗

可在每年的清明蚕花节，甚至平常的日子里，在非遗传承人或民宿管家的指导下，通过剪、绕、扎等手艺，制作出色彩鲜艳、栩栩如生的蚕花，感受非遗的魅力和手工技艺的乐趣，当然也可以做成文创产品来销售。一个蚕茧的市场价一般不高，而通过手工制作，一个蚕茧小玩偶的市场售价可翻好几倍，转身就让蚕茧价值升值好多倍。

4. 民宿 + 研学

以住宿产品为基础，捆绑研学项目，针对不同的群体需求，民宿可推出适合 2~4 天的研学游套餐，从吃、住、行、游、学五个方面全方位解决研学游群体的各种需求。

5. 民宿 + 游览

借助民宿的发展，旅游基础设施逐步完善，让乡村旅游从观光式旅游过渡到度假式深度体验游，吸引更多游客。

第一章　民宿产品基础知识

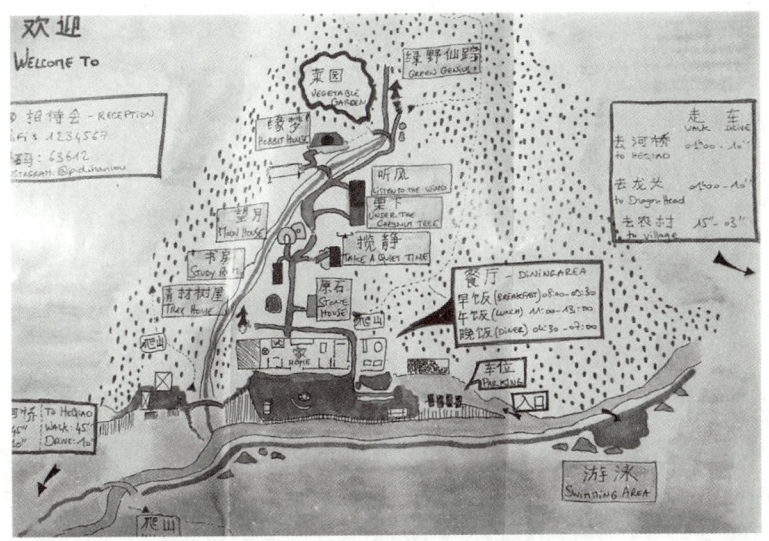

图 1-4　民宿里的手绘地图

（图片来源：编者拍摄）

6. 民宿 + 文化市集

民宿以不定期展出国内外知名艺术家作品的形式，连接艺术家和大众，传播优秀文化艺术，营造地区文化艺术氛围，不仅丰富了民宿空间，同时展出作品还可以售卖形式作为民宿营收的一部分。

7. 民宿 + 主题派对

参加民宿主题派对，来个惊喜或举办一场难忘的聚会，也丰富了民宿所在乡村的精神文明建设。

第二节　民宿产品特征

【案例导入】

如何做好民宿主人

2020 年对于国内民宿行业来说，是极不平凡的一年。爆发的疫情让旅游业受到较大冲击，民宿也未能幸免；随着疫情防控常态化，各地民宿抱团取

— 13 —

暖、迅速自救，再加上一系列纾困措施的出台，有效助力了民宿行业复苏。

对于经营好民宿来说，民宿主人至关重要：他们的情怀、坚守和热情决定着民宿的发展。怎样才能做好一名民宿主人？新形势下，如何推动民宿健康持续发展？2020年11月23日下午，"我和我的民宿"全国民宿主人大会在宁波召开，来自全国各地的30家知名民宿主人和业内专家、主管部门负责人深入交流、传经送宝。

浙江省文化和旅游厅相关领导说，要把舞台交给民宿主人，让他们当主持、讲故事、谈观点、展才艺，真正成为主角。而且还认为，成为一名真正合格、优秀的民宿主人，要做到"五个主"。

"我的民宿我主创"。一要传递生活美学。生活中处处有美。有时候一顿精心准备的晚餐、一束鲜花、一杯咖啡，甚至是一个小小的涂鸦，都能让游客感受到生活的美。二要传承地方文化。民宿主人要主动在设计中植入在地文化元素，让非遗、民俗等特色文化走进民宿让民宿成为展示当地文化的一个重要窗口。三要传导主人气息。要努力彰显主人气质，把主人的生活经历、品味喜好、家族传承贯穿其中，融入其内，传达积极向上的生活情绪。

"我的民宿我主待"。一要待之如亲人，迎来送往。二要待之如家人，嘘寒问暖。三要待之如友人，同欢共乐。要把客人当成久别重逢的朋友，除了谈天说地聊家常，还要把当地最美的景点、最鲜的美食、最好的特产推荐给客人，有时间可以陪着客人一起游山戏水，一起插花品茶，一起下棋作画，一起观星赏月。

"我的民宿我主宣"。民宿主人要能说会道，学会宣传营销。一要当好一个主播，加强自媒体的营销。二要当好一个主讲，讲好民宿人的故事。三要当好一个群主，维护朋友圈的关系。

"我的民宿我主理"。民宿虽小，五脏俱全，身为主人，必须要具备三种能力。一是业务能经理。民宿主人要会经营，除了住宿接待服务，还要通过推进文旅融合、农旅融合，不断延伸旅游上下游产业链。二是环境勤打理。细节都能决定成败，民宿要经常性洒扫门庭，确保房前房后、院里院外环境卫生赏心舒心。三是关系善处理。民宿主人要增加集体观念，主动与相关部门联系联动，使民宿有更加良好的经营环境。

"我的民宿我主责"。主人是民宿的责任主体，既管业务运营，也要管安全；既要当营销员，也要当好安全员。一是责在安全运营。要建立健全各类安全管理制度，做到有章可循责任到人。二是责在保护环境。民宿大多都建在环境优美的地方，要存有护美青山绿水的理念，做到绿色生产、绿色运营、绿色消费。三是责在振兴乡村。小民宿，大格局，民宿主人必须充当好文化的守护者、弘扬者、传播者，努力把民宿建成展示当地优秀文化的重要窗口。小民宿，大产业，民宿主人要通过自身努力带动更多的老百姓脱贫致富奔小康。小民宿，有大爱。民宿主人不仅要搞好自家经营，还要发挥带动效应，助推乡村旅游兴旺。

【案例分析】

民宿主人是民宿的灵魂和核心竞争力，没有主人的民宿就像没有灵魂的躯体，只是一座缺少人情味的建筑体，一张张没有温度的床。

（资料来源：腾讯新闻 2020-11-27《如何当好民宿主人？不妨做好"五个主"》）

【思考】

如何做一个优秀的民宿主人？

民宿与饭店相比，其最大特征是在地性和特色性，使客人能够深入体验当地的民俗文化，与当地产生紧密的关联，从而收获不一样的异地生活体验。因为我国民宿发展时间较短，民宿业尚缺乏行业普遍认同的服务流程与标准，同时部分民宿主人、管家及其他从业人员缺少系统的住宿服务知识的培训，在管理层面也缺少完善的管理制度及应急预案，因而导致当前民宿服务与管理水平参差不齐。

2022 年 7 月，国家市场监督管理总局、国家标准化管理委员会批准发布了《旅游民宿基本要求与等级划分》（GB/T 41648—2022），旅游民宿行业标准升级为国家标准，由全国旅游标准化技术委员会管辖。同月，由文化和旅游部、公安部、自然资源部、生态环境部、国家卫生健康委、应急管理部、市场监管总局、中国银保监会、国家文物局及国家乡村振兴局等十个国家部委联合印发了《关于促进乡村民宿高质量发展的指导意见》，强化顶层设计、强化政策落实，有助于推动全国民宿持续健康发展。

民宿有人情味，具备家庭的尺度和氛围，可为客人提供更具有亲和力的服务，这决定了民宿产品具有以下五个特征。

一、有"情怀"

一个民宿，一个故事，一份情怀。从事民宿经营的人，大致可以分为两类：一类是本地的居民，对自己的家乡有着深切的热爱，赋予闲置的老房子以传统文化；还有一类就是服务业的精英，他们有现代的经营理念，熟悉旅游市场，结合当地政策，让一幢幢废弃的民居转身一变，成为有个性、有温度、能让客人产生一种情感共鸣的民宿。

民宿主人是民宿的灵魂，是传递民宿情怀的重要角色。主人为什么要做这样一间民宿？民宿的设计理念是怎样的？背后有着怎样的故事？想向客人传递一种什么样的精神理念？主人自身有没有这样一种理念追求？这些都需要民宿主人去挖掘，并通过民宿有形的"硬件"和无形的"软件"与客人分享民宿特有的文化内涵，展示民宿主人内心的精神世界，并在后期经营中始终坚守不忘初心的情怀。

图 1-5　民宿要注重空间营造

（图片来源：杭州临安棋盘山居民宿）

二、有"温度"

2022 年 7 月，人力资源和社会保障部发布了《中华人民共和国职业分类大典（2022 版）》，"民宿管家"作为新职业位列其中，这为民宿行业人才培养提供了明确的职业方向。在民宿运营中，包括民宿主人在内的每一位民宿从业人员都要向客人传递一种有温度的服务，时刻让客人感受到宾至如归。其中，民宿管家是对客服务中至关重要的角色。根据定义，民宿管家是指提供客户住宿、餐饮以及当地自然环境、文化与生活方式体验等定制化服务的人员，其工作包括但不限于策划当地自然人文环境、休闲、娱乐与生活方式体验活动，推广销售民宿服务项目等。

一般而言，民宿管家每天都要为客人提供事无巨细的服务，从抵店前与客人的线上沟通，介绍民宿、确认行程、温馨提示，到抵达后帮助客人提拿行李、安排用餐、规划出游线路，再到离店时欢送客人，最后到离店后继续做好客户关系维护。面对客人，民宿管家更多的是倾听，然后给予积极的反馈，及时满足客人差异化的需求。民宿就是通过这样有温度的服务为客人打造一个"家外之家"，为每一位来访的客人提供最美好的入住体验。

三、有"文化"

2021年，浙江省文化和旅游厅依据《民宿基本要求与评价》（DB33/T 2048—2017）及《浙江省民宿评定实施意见》（浙文旅民管〔2021〕4号），评定出了浙江省首批文化主题民宿，分别从主题建设、文化氛围、主题产品及文化运营等四个维度，综合考评民宿文化主题和建设运营情况。

民宿等级越高越凸显主题文化。每一家民宿，都倾注了主人的喜好，通过对当地农产品、特色物产、传统手工艺及非遗技艺等进行梳理挖掘、创新研发，让每一位入住的客人，都能感受到主人所展示的民宿文化，帮助外来的客人与当地人之间建立交流，传递温暖。

四、有"社交"

随着消费升级，民宿越来越脱离了旅游需求，大部分客人想从繁忙的都市生活中得以解脱，选择一家民宿体验慢节奏的生活，所以民宿更倾向于满足客人度假、聚会和社交等精神需求。以亲子游为主的家庭群体较为关心民宿的舒适性和便利性，而对于大部分出游的年轻人来说，对民宿的"颜值"和公共空间的"聚合力"更加在意，客人们可以一起享受民宿为公共社交聚会提供的娱乐项目，比如网红点打卡、聊天、唱歌、打台球、看电影、做饭及烧烤等。

纵观民宿的起源和发展，民宿就像一个会说话的旅伴，分享着主人的故事，聆听着客人的故事，主客之间共享、互动。

五、有"规范"

随着民宿国家标准《旅游民宿基本要求与等级划分》（GB/T 41648—2022）的出台及后续在全国范围内对该标准的宣传、执行，可有效规范民宿的经营管理及保障旅游行业的健康发展。

民宿等级越高，越具有相对完善的服务规范和专业的团队建设。特别是在民宿品牌化发展趋势下，一些民宿品牌已经建立起相对完善的运营团队，包括店长、管家、客房服务员、餐厅服务员、厨师、咖啡师、万能工等；在运营管理方面，也制定了相对系统的服务流程与标准，包括前台、管家、客房、餐厅、厨房、公共娱乐空间等服务流程与标准，以及为客人量身打造的定制化服务，比如服务微信群、举办婚礼、生日聚会、毕业晚会、公司年会等。因此，从长远来看，服务的规范化将成为民宿行业自律发展的重要特征。

第三节　民宿产品定位

【案例导入】

如何找准民宿产品定位？

民宿产品定位如何体现？最明显的体现就在民宿的"人"身上。如果遇到喜爱品红酒的民宿主人，或许会拉着你在其酒窖前眉飞色舞地"炫耀"这瓶酒的产地是哪里、那一年的天气如何、酿出来的酒会跟其他年份的酒有哪些区别；如果民宿主人恰好和你一样喜欢"周游列国"，或许其民宿的公共空间里摆满了从世界各地精心挑选回来的艺术品，目不暇接，宛如一个小工艺品店，民宿主人会如数家珍般向你细说每个装饰品背后的万千深情……

成都东郊一片优雅寂静的别墅区内，有一处院落与周边的与众不同。推开门你会发现，这里摆放着上百件民国时期的金丝楠木家具，可以任由路人观赏；早已绝版的发报机、古董相机看似随意摆放，其实位置恰到好处；手工鞣制皮革做成的靠垫，有厚重的质感；莫迪利亚尼色彩线条鲜明的画作四处可寻；仿佛盗墓题材电影中才能看到的优美的青铜树就陈列在玻璃柜中……

这家民宿产品定位是什么呢？民宿主人把自己的家精心改造成了拥有8间客房的民宿。除了民宿主人，没有其他服务人员。民宿主人不仅仅是主人，也是管家，更是服务人员，跟每个客人喝茶、聊天，带客人参观自己的皮具工作室，和客人一起绘画，一起做木工……

每一位在那里住过的客人，都对这家民宿及民宿主人印象深刻。

（资料来源：设计资讯《民宿经营中如何体现个性化服务？》网址：http://www.born6.com）

【案例分析】

客人在购买民宿产品时，作为民宿主人或管家应做好各项有效的服务，如推荐介绍、预订、客房整理、接待准备等，每一个服务流程都应尊重客人的需求，为其提供满意、优质的民宿产品，从而体现民宿经营的个性化，潜移默化地向客人传递民宿自身的产品定位。

【思考】

1. 在遇到不同的客人需求时，作为民宿主人或管家应如何应对？

2. 本案例中的民宿经营成功的原因是什么？如果你是民宿主人，会如何经营好自己的民宿？

一、产品市场定位

（一）市场定位的意义

市场定位是在20世纪70年代由美国营销学家艾·里斯和杰克·特劳特提出的，是指企业根据所选定目标市场的竞争状况及自身条件，塑造出企业和产品在目标市场上的鲜明特色、形象和位置的过程。

市场定位研究的是以怎样的姿态进入目标市场并设法在目标客户心目中形成一种特殊的偏爱以建立竞争优势，所以也叫产品定位。客户会将产品、服务和对企业的认知组合起来进行分类以确定其在自己心中的位置。恰当的市场定位会使企业的形象、产品、品牌区别于竞争者，实际是企业及其产品对客户心智的占领。正如美国营销学专家菲利普·科特勒所说："重大的定位失误会毁掉企业的市场营销战略。"可见，市场定位是整个市场营销工作的第一步。民宿只有做出有效而正确的市场定位，才会为民宿产品投入市场时打下良好的铺垫。

（二）市场定位的过程

民宿市场定位的过程可以通过产品实体方面体现出来，如类型、构成等；也可以从客人心理上反映出来，如普通型、品质型、标杆型等；或者由两个方面共同作用而表现出来，如价格实惠、服务到位、交通便利等。民宿实现准确、有效的市场定位，一般可以分为以下四个步骤。

1. 调查研究市场

民宿市场定位必须建立在市场调研的基础之上，首先需要了解有关影响市场定位的各种因素。这些因素包括竞争者的市场定位情况；目标客人对产品的评价标准，即要了解目标客人对其所要购买的民宿产品的最大偏好和期待，以及他们对产品优劣的评价标准；目标市场潜在的竞争优势等。经过初步分析这些影响因素，从而找出其中的主要方面。

2. 识别竞争优势

市场竞争必须以竞争优势为基础，民宿需要比竞争对手更了解客人的需求并为客人提供更多的价值，才能获得竞争优势。一般从以下四个方面构建自身的竞争优势。

（1）产品差异

通过产品差异，民宿可以采用不同的特征或设计，从而使自己的产品与众不同。民宿产品内在特色的许多要素、民宿给客人带来的切实体验和收益都可以作为市场定位的依据和方法，如客房价格、装修风格、人文雅集等。

（2）服务差异

除了产品差异，服务差异也可以成为民宿赢得市场竞争的有力武器。民宿可以根据客人的个性化需求以及竞争对手策略，尝试寻求产品服务方式上的差异化。

（3）人员差异

产品差异和服务差异都是由人创造的，民宿可以通过人员差异来获取竞争优势。民宿主人可以努力营造"信任平等、榜样示范"的工作环境，培育员工乐观的精神,并通过定期或不定期的员工培训,提升员工的服务技能,给员工充分授权,让员工在自己的岗位上积极主动地提升并创新服务。

(4)形象差异

客人在消费时会清楚地感受到不同民宿的形象差异,这种差异最终可能会影响客人的购买决策,所以民宿应向外界传达其产品独特的定位,树立鲜明的形象。即使产品和服务都与竞争对手十分相似,客人依然可能因民宿形象的差异化而选择自己喜欢的民宿。

3. 瞄准竞争对手

在与竞争对手竞争时,可能发现了几个潜在的差异点,但并不是每个差异点都能形成竞争优势,需要从中筛选可以建立定位战略的差异点,也就是确定民宿决定宣传的差异点,并在推向市场的过程中将差异点,也就是竞争优势发挥到极致。例如,丽水的如隐·小佐居是浙江省首批白金级民宿、全国首批甲级民宿,民宿位于景宁畲族自治县大漈乡的最深处,在有"江南第一梯田"美誉的小佐梯田之上,800年容颜未改的古村落——小佐村的最下方,藏匿于深山之中。古石门、石墙、木结构的完整保留和修缮,只是民宿的外在容貌,而内部却是焕然一新,畲乡风格与新中式、田园风格混搭,"壹页"图书馆、"木餐厅""再坐一会儿"吧、禅小屋等公共空间,搭配风格各异的十间客房,历史人文特点与现代文明生活交相融合。民宿以律诗文化为主题,不定期举办诗歌进阶培训、吟诵会、创作集市、汉服秀、宋韵采风等活动,让传统文化落地,为民宿增添风采。

视频1-2:丽水如隐-小佐居民宿

图1-6 浙江丽水风光

4. 加强沟通协调

在确立市场定位以后，民宿主人还须采取有力措施，通过各种有效的营销渠道将市场定位信息准确地传递给目标客人，在客人心目中留下深刻的印象。常见的新媒体营销渠道有：微信公众号、微博、小红书、短视频及各大直播平台等。

【案例1-1】

一楼还是二楼？

有一天，张先生在网上预订了某个海岛民宿的两间客房。预订时，他询问管家是否有一楼的房间，被告知一楼仅有一间客房，但由于疫情影响，一楼的客房已经久未出租，霉味较重。管家还是建议张先生全部选择二楼的客房。由于张先生要带年近九旬的母亲一同前往，仍然坚持预订一楼、二楼各一间客房。

几天后，张先生与妻子一起带着母亲来到了民宿，但管家还是安排了两间二楼的房间。由于该民宿没有安装电梯，老人上下楼很不方便，仍坚持要住一楼的客房。管家同意为客人更换房间，但打开一楼的客房时，一股霉味扑鼻而来，这时管家连忙开窗、开空调透气，张先生也没有说什么。但等其母亲准备休息时，发现枕头上还残留不少头发。对此，张先生有些恼火，只好放弃该房间，将母亲背到二楼的客房安顿下来。

【案例分析】

客人对民宿产品的体验贯穿整个服务流程，从抵店前的预订，到抵店后的入住，再到离店后的问候，作为民宿主人或管家应做好服务流程的每一个环节。民宿自身与其他民宿之间的产品、服务、人员、形象等差异会在此服务流程中一一显现。同样，客人的满意度也取决于期望价值和体验价值之间的差异。

【思考】

1. 针对案例中张先生的具体情况，作为民宿管家应该如何来解决？
2. 民宿产品的市场定位如何通过差异化来体现？

（三）市场定位的策略

1. 针锋相对式定位策略

民宿主人根据自身实力，为抢占较佳的市场位置，不惜与市场上占支配地位的、实力最强或较强的竞争对手进行正面竞争，以使自己的产品进入与竞争者相同的市场位置，同竞争者争夺同一细分市场的策略。

2. 填空补缺式定位策略

民宿不与竞争者直接冲突，而是寻找没有被竞争对手发现的或竞争对手无力占领但又为许多客人关注的潜在市场，填补市场上的空白。这种定位策略风险小，成功率高，常常被多数后进民宿采用，但采用这种定位策略的前提是民宿能够发现一个或多个既安全又有利可图的市场。

3. 另辟蹊径式定位策略

这种定位策略是指当民宿意识到自己无力与强大的竞争对手相抗衡时，在新的领域突出自己的特色或在某一方面取得领先地位，以获得相对优势。该定位策略风险较小，成功率较高。但民宿采用该定位策略必须符合以下三个条件：首先，市场符合消费发展大趋势，市场潜力大；其次，市场竞争格局比较稳定，市场领导者实力强大，地位不可动摇；最后，本民宿在某些方面具有一定的经营特色。

【拓展知识 1-1】

如何设计亲子主题民宿？

暑期，以"亲子"等相关内容为关键词搜索并预订相关民宿的客人较其他时间增长迅速，在实际预订中"二孩"家庭的预订量增长数倍。

在高预订量的背后，也反应出国内市场上的民宿亲子房仍存在几个主要痛点，包括：缺乏完善的管理制度、浓厚的文化氛围以及专业的服务队伍，这些因素影响了亲子房的入住体验和健康发展。

那么，怎样设计一套令人满意的亲子房呢？

孩子是每个家庭的宝贝，家人都想把最好的给自己的孩子，所以对于民宿亲子房的装修应格外重视。在亲子房装修设计与颜色搭配上都要非常注重健康环保以及卫生安全。

下面就来看看亲子主题民宿设计原则与颜色搭配技巧。

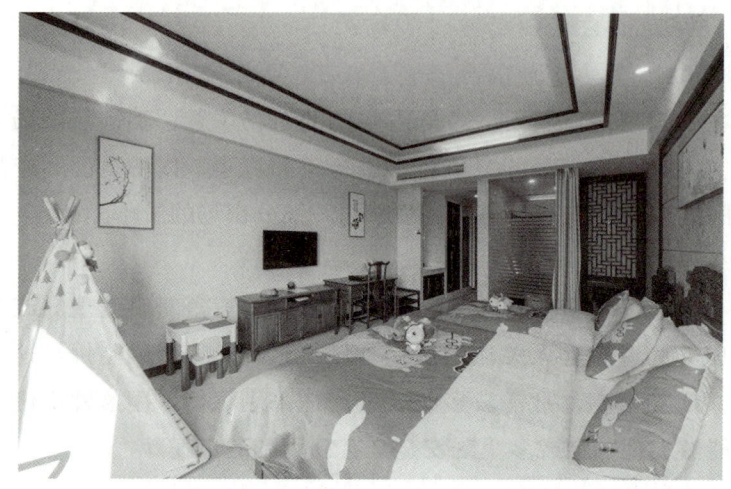

图 1-7 民宿亲子客房

1. 安全性能

儿童生性活泼好动，好奇心强，缺乏自我防范意识和自我保护能力，因此，在布置房间的时候应该更关注这一点。

在设计上，要避免意外伤害发生，建议最好不要使用大面积的玻璃和镜子，家具的边角和把手应该不留棱角和锐利的边，地面上也尽量不要留容易磕磕绊绊的台阶。玩具架不宜太高，应以孩子能自由取放玩具为好，家具棱角应有防撞条、防撞角等辅助装饰。

2. 材料环保

为孩子保健康，在装修材料的选择上，亲子房的装饰要以"无污染、零甲醛"为原则，尽量选择绿色、环保、节能、保温且防火性能优越的材料，中间的加工程序越少越好。

3. 色彩搭配

亲子房在色彩和空间搭配上最好以明亮、轻松、愉悦为选择方向，不妨多点对比色。橙色带来欢乐和谐，粉红色带来安静，绿色与大自然最为接近，海蓝系列让孩子的心更加自由、开阔，红、棕等暖色调给人热情、时尚、高效的感觉。把孩子的空间设计得五彩缤纷，不仅适合儿童天真的心理，而且鲜艳的色彩会激发联想和希望。

4. 家具选择

家具选择要考虑健康、质量和设计三个方面，只要做到了这三点，就不会落伍。

健康是指生态环保，这是最基本的保障；质量是指施工工艺，因为如果质量上不过关就会存在安全隐患，比如强弱电、冷热水管的处理等；设计是家具、窗帘、石材地面、地毯、艺术品等与整体环境的搭配，需要选择由儿童心理专家和家具设计师共同进行研发的家具，毕竟不管是从功能上还是造型、色彩上都要禁得起实践检验。

最好每个亲子房都可以给孩子提供一个游戏空间，可以添加有趣味的玩具设施，比如滑梯、秋千、帐篷、积木等，而且亲子房家具的摆设最好能紧凑些，以便能空出更大的公共游戏空间。

5. 光线设计

适度且充足的照明，能让房间温暖、有安全感，消除孩子独处时的恐惧感，一般可采取整体照明、局部照明及重点照明三种设计方式。

当孩子游戏玩耍时，可搭配整体灯光照明；当孩子与家长聊天时，可使用局部灯光照明；当孩子看书画画时，可选择重点灯光照明，以取得最佳亮度。此外，还可以在床对面墙上适当位置安装一盏低瓦数的夜灯，方便家长或孩子夜间使用。

6. 通风换气

室内空气置换的频率，直接影响室内空气质量。民宿一般位于环境较好的乡村，在温度适宜的时候，可经常通风换气，保持室内空气清新。

7. 空间

为保证房间有一个尽可能大的公共游戏区，家具不宜过多，应以床铺、桌椅、贮藏玩具、衣柜及行李架为限。

儿童喜欢在墙面上随意涂鸦，可以在其活动区域墙面上挂一块写字板，让孩子有一处可随意涂写的天地，也方便出门在外的父母为孩子现场教学。这样既不会破坏客房整体空间，又能激发孩子的创造力。

（资料来源：搜狐网《民宿设计，关于亲子主题民宿的设计，你了解吗？》）

二、产品结构定位

一般认为，民宿整体产品由核心产品、形式产品和延伸产品三个层次构成。

1. 核心产品

核心产品是指客人购买民宿产品时所追求的基本效用或利益，即产品的使用价值。它是客人真正要购买的东西，是民宿产品整体概念中最基本、最主要的部分，主要包括住宿和餐饮服务。核心产品是民宿成功经营的基础，决定了民宿的品质和基调。

2. 形式产品

形式产品是核心产品的载体，即核心产品出现在市场上的样貌，主要包括民宿的品牌、服务质量、产品特色和包装等。通过形式产品，民宿的核心产品才得以展示给客人。

3. 延伸产品

延伸产品是指客人购买之前、之中和之后所得到的各种附加服务和利益的总和，即售前咨询、销售过程中的其他服务及售后服务。民宿可以利用附加服务把自身的产品和竞争对手的产品区分开来。比如民宿赠送给客人的伴手礼就是延伸产品，在核心产品和形式产品相似的情况下，延伸产品有可能成为客人选择该民宿的决定性因素。

三、产品价格定位

（一）价格定位的目标

民宿价格定位的目标一般可分为利润目标、销售额目标、市场占有率目标和稳定价格目标。

1. 利润目标

获取利润是民宿生存和发展的必要条件，是民宿经营的直接动力和最终目的。因此，利润目标为大多数民宿所采用。由于民宿各自的经营情况不同，这一目标在实践中有两种形式。

一是以追求最大利润为目标。当民宿产品独特性较强、品质较好，不易被其他民宿产品所取代时，按较高价格定价可为投资者带来丰厚回报，但要建立在市场认同的基础之上，否则将难以实现高利润的目标。

二是以获取适度利润为目标。民宿在补偿平均成本的基础上，适当地加上一定量的利润作为产品价格，以获取正常情况下合理的利润。当经济衰退或萧条时，民宿常以此为目标。

2. 销售额目标

这种定价目标是在保证一定利润水平的前提下，谋求民宿销售额的最大化。民宿在一定时期、一定市场状况下的销售额由该产品的销售量和价格共同决定，因此可采取薄利多销或高价策略。

3. 市场占有率目标

市场占有率，又称市场份额，是指在一定的时期内，民宿的销售额占整个民宿行业销售额的百分比。市场占有率是民宿经营状况和产品竞争力的直接反映，市场份额最大的民宿具有成本优势，长期会有较高利润。

以市场占有率为定价目标，一般要求至少具备以下三个条件。

一是民宿有雄厚的经济实力，可以承受一段时间的亏损，或者民宿本身的经营成本低于竞争对手。

二是民宿对其竞争对手有着充分的了解，有夺取竞争对手市场份额的绝对把握。

三是民宿所在地政府未对市场占有率做出政策上的限制。

4. 稳定价格目标

一般情况下，由那些拥有较高市场占有率、经营实力较强或者具有较强竞争力和影响力的民宿先制定一个价格，其他民宿的价格与之保持一定的距离或比例关系。实质是通过本民宿产品的定价来左右整个市场价格，避免不必要的价格波动。

（二）价格定位的策略

民宿的价格定位是与产品定位紧密相连的。所谓价格定位，就是民宿把产品、服务的价格定位在一个什么样的水平上，是相比竞争对手的定位价格而言的。价格定位一般有以下三种情况：

1. 撇脂定价策略

撇脂定价是指如同把烧热牛奶上的一层油脂精华取走一样，民宿在刚进入市场、客人对价格不敏感时采取高价投放的策略，以求在尽可能短期内迅速获取高额回报。这种定价策略适合用于特色鲜明、垄断性强、其他企业难以模仿或开发的民宿。

撇脂定价的优点：可以使民宿前期的投资迅速收回；为后期产品降价创造了条件；有利于提高民宿企业价值，树立民宿企业的良好形象。同样，缺点也显而易见：由于定价过高，有时营销渠道不支持或得不到客人认可；较高的投资回报率会吸引更多的投资者开发建设同类型的民宿，加剧市场竞争。

2. 渗透定价策略

渗透定价是指民宿在刚进入市场时，将产品价格定得相对较低以便迅速而深入地渗透到市场当中，短期内吸引大量的客人，获得较高的销售量和市场占有率。这种定价策略适合用于建设周期短、特点不突出、产品简单、易模仿的民宿。

渗透定价的优点：民宿可以在短期内利用物美价廉的优势迅速占领市场，并通过提高销售量来获得利润；比较容易获得营销渠道及客人的支持；低价低利润有利于阻止竞争对手进入。同样，缺点也显而易见：较低的定价导致在短期内可能无法获得足够的利润，一旦市场占有率降低，回收成本的速度也相应变慢；低价进入市场，导致后期价格变动余地小；低价容易使客人怀疑民宿产品的质量，影响民宿的市场形象。

3. 满意定价策略

满意定价，又称折中定价，介于撇脂和渗透定价之间，是指民宿产品价格水平适中，同时兼顾民宿企业、客人和中间营销渠道的利益，能较好地被各方接受。

满意定价的优点是：对民宿企业和客人都较为合理公平，由于价格稳定，在正常情况下利润目标可按期实现。同样，缺点也显而易见：定价偏于保守，不适应竞争激烈或复杂多变的市场环境。

第四节　民宿产品创新与开发

【案例导入】

山湾深处的民宿：村上酒舍

十几年前，因为水库移民，坞古村大多数的村民都搬迁了出去，只留下极少数的人，和村中孤零零的明清古民居和徽派泥土房。原本热闹的小山村一下子变得空荡荡，邻里街坊互相串门的唠嗑声也销声匿迹，一派萧条景象。山风呼啸而来，穿过空无一人的古民居，声声作响，仿佛是这个"被遗忘的山村"发出的叹息。

一对 90 后"神仙夫妻"不迷恋城市的灯红酒绿，不被舒适便捷的生活环境所束缚，他们义无反顾回到了家乡，回到海拔 1000 米四面环山的坞古村。这似乎是命中注定的，因为这一对回家乡创业的小夫妻，成就了民宿村上酒舍。

一个五百年的小山村，一棵三百年的古樟树，一门当地古法酿酒的技艺，一座上百年的清代民居建筑……他们以一己之力挽救了一座即将被夷为平地的古宅命运，为这座村庄留下了一点岁月痕迹，并焕发了这座古宅新的生命力，那就是将之改造成民宿。

200 年的岁月洗礼并没有在这座古宅上留下太多痕迹，内外木结构完整如初，木柱、木门上精美的雕花，清晰可见。天气晴朗的时候，通过古宅中的天井可以洒下一地的阳光，让时光停留。

民宿以古法酿酒为主题，外墙还是原汁原味的石头墙，院子的围墙则镶嵌了装饰用的酒坛，仔细一闻，竟还有淡淡酒香飘散。

图 1-8　村上酒舍民宿公共区域

（图片来源：衢州村上酒舍民宿）

步入民宿，天井方方正正，阳光、风、雨、雪都可通过天井与人近距离接触，从而感受四季的流转。民宿房型多样，复式、亲子、双床、大床等，每个房间内都保留了原有的传统门窗，朝民宿内望去，可见天井，甚至是屋顶片片黛瓦，向外则是沃野一片，绿水青山。不论是家庭出游、闺蜜散心、酒文化体验，都能找到适合你的。

此外，民宿公共区域还设有茶室、开放式厨房以及露天餐厅，可为客人提供娱乐及社交场所。

（资料来源：搜狐网《"阙里人家"衢州民宿——村上酒舍被评为"全国甲级旅游民宿"为何能成为全省两大上榜民宿之一？》）

【案例分析】

有这样的说法，经营成功的民宿往往具备三个特征：一是一对恩爱的夫妻，二是一桌美味的菜肴，三是一个动人的故事。村上酒舍民宿具备上述三个特征，在民宿行业成就了一段佳话。

【思考】

村上酒舍民宿经营成功的原因是什么？

一、创新及其特点

（一）创新的含义

这是一个充满竞争的时代，无论是个人还是企业管理者，只有持续创新，才能在激烈的竞争中立于不败之地。

当代著名的管理大师彼德·德鲁克认为，创新是改变资源的产出；创新不一定是技术上的，甚至可以不是一个实实在在的"东西"。他在《创新与企业家精神》一书中，对创新的原则进行了阐述，包括"五个做"，指必须要做到的事情；"三个不能做"，指尽量避免做的事情；"三个条件"，指创新之前要满足的条件。

1."五个做"

第一，有目的、有系统的创新从分析机遇着手。

第二，创新是概念的，又是感知的，因此需要出去多看、多问、多听。

第三，创新若要行之有效，必须简单而专一。

第四，有效的创新都是从不起眼处开始的。创新并不宏大，只是试图做一件与众不同的事情。

第五，一项成功创新的最终目标是取得领导地位。如果一开始就不注重领导地位，就不可能有足够的创新意识，也就不可能有所建树。

2. "三个不要做"

一是不要太聪明。如果通过创新想获得规模和发展，必须能够由普通人操作。

二是不要过多花样，不要分心，不要一次做太多事情。

三是不要为未来进行创新。

3. "三个条件"

其一，创新是工作，创新需要知识和聪明才智。

其二，要想成功，创新者必须立足自己的优势。

其三，创新是经济与社会双重作用的效果。创新必须与市场紧密相连，专注于市场，而且由市场来推动。

（二）创新的特点

1. 新颖性

创新就是解决之前没有解决的问题，不是模仿、再造，而是在继承中突破旧的思想、模式和方式方法，从而创造新的事物。因此，新颖性是创新的首要特征。具体来说，新颖性又包括三个层次：一是绝对新颖性；二是局部新颖性；三是主观新颖性，即对创造者个人来说是前所未有的。

2. 价值性

创新可以重新组合生产要素，从而改变资源产出，提高创新利润。创新利润是指由于承担风险和进行创新所获得的回报。对于企业来说，创新利润是最重要、最基础的部分，也只有创新利润，才能够反映出企业的价值。

3. 目的性

创新特别强调效益的产生，不仅要知道"是什么""为什么"，还要知道"有什么用""怎样才能产生效益"。因此，创新是一个创造财富、产生效益的过程。

4. 风险性

风险性是指由于对外部环境变化估计不足或无法适应，或对创新过程难以有效控制而造成创新活动失败的可能性，这种不确定性就是风险。因此，在创新过程中，只准成功、不许失败的要求是不切实际的。只能通过科学的设计、反复的论证及严格的实施，尽可能降低创新过程中的风险。

5. 动态性

创新是一个动态的过程，是一个不断创造和革新的过程。任何创新都不可能一劳永逸，只有坚持创新，才能赶上时代的步伐。

二、民宿产品创新与开发

（一）地域文化驱动的文创开发

1. 地域文化资源的界定与选择

地域文化是在特定地区范围内，经过长期的历史融合而形成的有典型特色和符号体系的历史遗存、文化形态、社会习俗及生产生活方式等。地域文化形态丰富，风格迥异。设计、开发文创产品时要挑选那些符号感强的、形态明确的典型地域文化元素，比如北京长城、陕西兵马俑、福建土楼、陕西窑洞等。

2. 地域文化驱动的创意模式

在围绕主题文创产品开发过程中，通常会借鉴与该主题紧密相连的典型地域文化元素。通过特定主题与典型文化元素的智慧碰撞，更容易激发全新的创意，经综合论证后形成文创产品，通过受众分享、传播，形成文化时尚、文化热点及文化潮流，从而驱动文创产业健康发展。

图1-9　具有地域文化特色的云南元阳十二庄园香典民宿

（二）经典内容驱动的文创开发

1. 经典内容的认识

经典内容主要是指人类文化史上已经被广泛认同、高度集中的代表性主题文化，包括古典名著、著名艺术作品、家喻户晓的美好形象、宝藏文物等。

2. 经典内容的意义和文化内涵

经典内容常常是全人类共有的形象记忆，能激发出人们对美好生活的向往，蕴涵着深厚的文化内涵。依据这些文化内涵进行视觉化再现和文创产品转化，除了能引导及深化对经典内容的认知、理解和情感共鸣外，还具有一定的纪念意义。

（三）非遗驱动的文创开发

依据联合国教科文组织《保护非物质文化遗产公约》规定，非物质文化遗产是指被各群体、团体、有时为个人所视为其文化遗产的各种实践、表演、表现形式、知识和技能及其有关的工具、实物、工艺品和文化场所；依据《中华人民共和国非物质文化遗产法》规定，非物质文化遗产是指各族人民世代相传并视为其文化遗产组成部分的各种传统文化表现形式，以及与传统文化表现形式相关的实物和场所。

1. 非遗文创的优势

（1）非遗是人类美好且永久的文化记忆，有着广泛的群众基础。

（2）非遗传承与创新多数为必识文化，容易得到当地政府扶持。

（3）非遗产业原创、原生，生产制作产业化、集市化，便于产生经济效益。

2. 非遗文创的模式

（1）通过原有的形式，表达年轻、时尚的文化主题。

（2）文创产品开发还可借助整合营销，通过跨界合作、网红聚焦等多方面创意驱动模式来实现。整合营销是一种对各种营销工具和手段的系统化结合，根据环境进行即时性的动态修正，以使交换双方在交互中实现价值增值的营销理念与方法。

思考与练习

一、简答题

1. 如何理解"民宿+"产品的含义？
2. 请列举民宿产品定位的步骤。
3. 请阐述民宿产品创新与开发的内容。

二、实训题

在学习和了解民宿产品的基础之上,由学生设计一间民宿主题客房。

实训项目	设计一间民宿主题客房
实训地点	民宿体验中心
实训目的与要求	结合民宿产品的特征,根据客房功能区域划分,为民宿设计一间主题客房,要求客房门牌号、室内装修设计及服务项目能较好地凸显主题
实训设备及材料准备	笔记本、相机、电脑等
模拟情境描述	组织学生在校内实训基地查阅民宿产品特征、产品构成及客房功能区域划分的相关资料,对民宿主题客房进行学习讨论。同时,所设计的民宿客房不仅要体现文化主题,也要与周围环境相协调,色调、陈设、灯光及背景音乐等有助于文化主题氛围的营造
模拟训练要求	1. 学生分为若干个小组,一般 4-5 人一组,通过查阅资料、学习讨论等方法,了解如何才能更好地设计一间民宿主题客房 2. 学生按照不同角色进行分工,团队合作,巧妙构思一间民宿客房的主题 3. 运用客房设计的原则及方法,提交一份民宿主题客房的设计方案
任务考核	任课教师对学生的设计方案进行打分,打分时要考虑设计方案的专业性、舒适性及创新性

第二章
民宿游览产品

本章导读

本章主要围绕民宿游览产品,阐述了民宿游览产品的设计方法,明确了民宿游览产品设计的原则和步骤。在此基础上,本章讲解了不同类型的游览产品内容。通过本章的学习使学生懂得,打造优质的民宿游览产品是民宿可持续发展中的关键一环,理解民宿游览产品是民宿创新产品中的一个重要产品类型,同时为设计符合市场需求的优质民宿游览产品奠定基础。

学习目标

1. 掌握民宿游览产品设计方法。
2. 掌握民宿游览产品设计原则。
3. 熟悉民宿游览产品内容。
4. 掌握民宿游览产品设计步骤。
5. 了解民宿游览产品特征及设计趋势。

思维导图

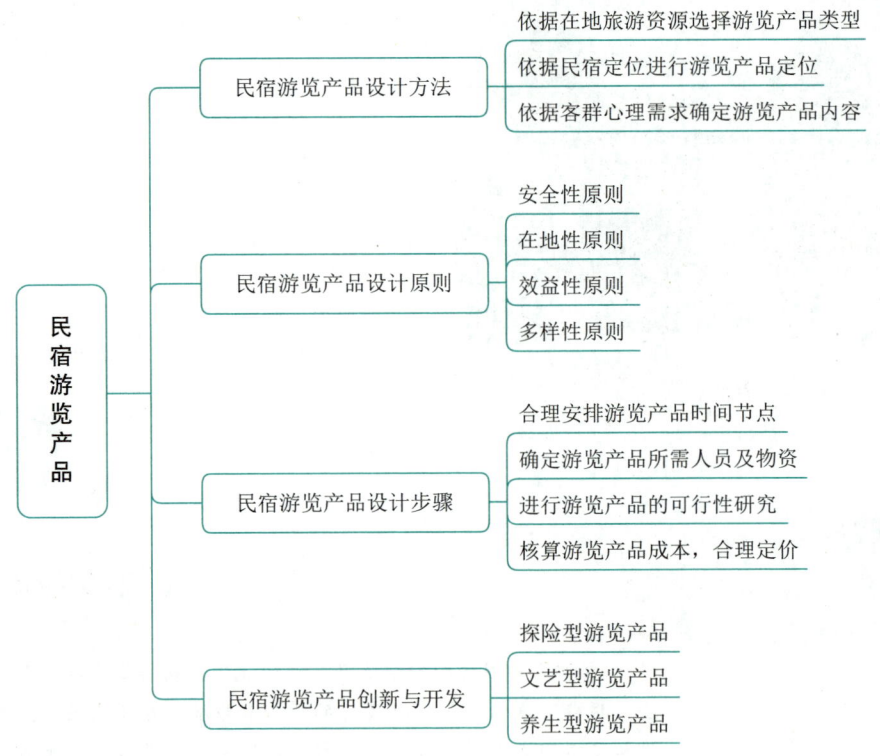

第一节　民宿游览产品设计方法

【案例导入】

莫干山初夏的气味之旅

音乐有个神奇的功能，就是在人们听到它的时候会像时光机一样，带领人们回忆特定的场景。气味也拥有同样的属性，伴随着味道的记忆会像时空重现一样，走进回忆。为了让您更深入地了解气味，我们为您定制了以下"气味之旅"。

第一天：15：30-18：00

制作香水：特邀资深芳疗老师为大家开启嗅觉之旅，对天然香氛和合成香氛一探究竟，了解其制作过程、香气类型，寻求适合自己的香型（花香调、果香调、东方香调、木质调），并且在老师的指导下制作完成一款自己喜欢的香水。

19：00-20：30

感受美味：在莫干山被星星点缀的天空之下，在初夏的夜晚中品味我们为您精心调制的花草茶和伴有各种植物香味的特制食物。空气中氤氲着自然的香气，享受大自然的静谧。调动感官，与自然拥抱，忘却烦恼，将这一刻的恬静美好变为难忘的回忆。

图 2-1　莫干山的夜晚

第二天：7：30-9：00

晨间瑜伽：由专业瑜伽老师为大家带来90分钟的晨间瑜伽，包括呼吸、清洁、自发的流动、冥想、复原等。期间也将搭配有机品牌的精油香氛蜡烛。伴随着轻柔的音乐和天然的香氛，跟随老师放松身心，卸下一周的疲惫，为身体注入能量，建立与大自然之间的连接。带着轻盈的身体和愉悦的心情投入下一周的工作中。

【案例分析】

根据客源类型，设计出符合宾客需求的游览产品，可帮助客人消除疲惫，客人在入住民宿期间得以"充电"。此外，民宿主人可根据所在地的不同季节特点、饮食习惯、生活风貌等开发出独具一格的优质民宿游览产品。

【思考】

设计民宿游览产品时，民宿主人应考虑哪些影响因素？

一、依据在地旅游资源选择游览产品类型

（一）梳理在地旅游资源

民宿主人可根据民宿所处地理位置，全面而广泛地搜索及梳理在地旅游资源。

1. 梳理所在地旅游市场上的旅游资源要素

所在地旅游市场上在售的游览产品在一定意义上可以代表当地的旅游特色，符合游客对当地旅游形象的定位，且有相对稳定的客源市场。因此，拆分目前畅销的游览产品中的旅游资源要素，并进行分类总结，是了解所在地旅游市场的关键环节，也是设计优质游览产品的基础工作。

可通过以下两个方法进行查询和梳理。首先，进行线上查询。通过浏览当地旅行社官网、微博微信公众号；浏览马蜂窝旅游、小红书及旅行博主的精品游记；浏览关于本地旅游的抖音短视频；浏览飞猪、携程等O2O平台上的旅游者对旅游产品的评价反馈。其次，进行线下搜集。通过访问旅行社工作人员；购买游览产品亲身体验等方法，通过线上数据收集整理和线下体验相结合，全面搜集所在地旅游市场上在售的旅游资源要素。

2. 探索未被开发的旅游资源要素

随着旅游业的不断发展，游客消费层次越来越高，在游览过程中更注重

独特的体验感。因此，除了要搜集整理目前所在地旅游市场上在售的旅游资源要素，更为重要的是，善于挖掘未被开发的旅游资源要素。

可通过以下方法进行调查探索：走访当地居民，体验当地居民的生活方式；游览当地文化馆、博物馆，探索历史文化遗迹；游览未被开发的山川湖海；查阅文献资料等，全面搜集所在地未被开发的自然风景类及人文景观类旅游资源。

（二）选取在地旅游资源

根据在地旅游资源特征和分布情况，结合在地旅游资源要素的整理和总结，对游览产品中的旅游资源要素进行选取。

首先，针对梳理所在地旅游市场上在售的旅游资源要素，通过销售量排名、流量吸引程度、游客反馈三个维度对旅游游览产品中的旅游资源要素进行综合评分，以概括目前旅游市场上可以代表本地旅游形象的旅游资源要素。其次，针对调查探索的、未被开发的旅游资源要素，可通过是否具有开发价值、是否符合现代人审美需求、是否可以传播所在地文化内涵三个维度进行综合评分，选择评分较高的旅游资源要素。

通过以上方法选取评分较高的旅游资源要素，如山川湖海等自然风景类，历史古迹、传统习俗、风土人情和古村落文化等人文景观类，作为游览产品设计时参考的重要组成部分。

二、依据民宿定位进行游览产品定位

随着客人需求层次的提高，对于非标准型民宿产品有了更高的要求。追求旅游体验的独特性成为旅游者的重要诉求。而具有清晰定位的民宿可带给游客更为难忘的旅游体验，会对客人产生更强的吸引力。

因此，游览产品的定位应以强化民宿定位为目标，围绕民宿经营理念及其倡导的生活方式，与民宿的其他产品相辅相成，形成完整的旅游价值链，为客人提供较为全面的旅游体验。

三、依据客群心理需求确定游览产品内容

在选取游览产品旅游要素，确定游览产品定位后，最为关键的则是确定

游览产品内容。能否受到客人欢迎是判定游览产品优质与否的主要考量指标,所以确定游览产品的首要条件是研究客群心理需求,对目标客群进行消费习惯、倾向及特征的分析。

首先,根据民宿定位确定客群类型。其次,进行线上数据资料搜集,线下走访反馈,结合社会学及心理学学科知识研究该类客群心理需求,确定该民宿利基市场。以此为出发点,进行游览产品的设计,确定游览产品的具体内容,从而为游客提供差异化的特色服务,增强旅游体验的独特性。

第二节　民宿游览产品设计原则

【案例导入】

孩子们的乡村夏令营:感受不一样的大自然

暑期总是孩子们最快乐的时光,结合小朋友们的兴趣爱好,我们为他们特制以下快乐游路线。

第一站:用泥巴创作

对孩子们来说,玩泥巴的吸引力是无法用语言描述的,喜欢玩泥巴是孩子们的天性。在玩泥巴的同时融入想象力,肆意创作,可以激发孩子的创造力,展现孩子的智慧和创造力,获得成就感与荣耀感。

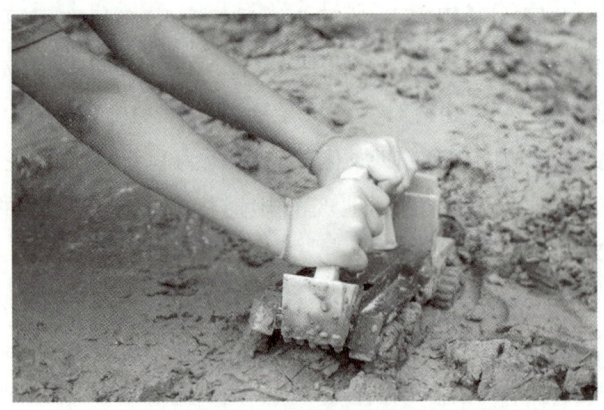

图 2-2　小孩玩泥巴

第二站：游泳嬉水

在教练的带领下，孩子们可以肆意地在泳池"扑通"，一会儿比赛游泳，一会儿躺在泳圈上漂浮，一会儿打水仗。把热情洒在阳光明媚的夏天里，收获快乐、收获成长。

第三站：制作植物标本

和孩子们一起去山间采摘植物叶子，观察叶子清晰的脉络，按照清理—摆放—固定的植物标本制作流程操作，再用小锤子敲打，各种植物的叶子形状和颜色就这样被保留了下来。留住夏天、留住此刻的快乐，在这片天地里做一个小小植物学家。

第四站：沉浸式乡村体验，双语环境

乡村的夏天是充满生机的，立体环绕的知蝉鸣声、野蛮生长的野草、池塘里跳来跳去的青蛙……让生长在"钢筋水泥"打造的城市中的孩子们感受到不一样的夏天。旺盛的生命力是奇妙有趣的乡村给孩子们最好的礼物。

此外，我们特邀外教老师陪同孩子们一起享受乡村的夏天，在轻松有趣的氛围中，抛出有趣的话题，引导孩子们通过简单的英语表达自己对于乡村夏天的想法。

通过丰富有趣的活动内容，给孩子们留下难忘的夏季回忆！

（资料来源：微信公众号"大乐之野"）

图2-3 莫干山大乐之野民宿

【案例分析】

该案例中的民宿游览产品布局合理，内容丰富。结合孩子们的爱好和特征，精心设计游览产品的每一个环节，让小客人在活动中学习成长、感受快乐、体验夏日乡村生活。

【思考】

为求民宿产品的每一个环节都衔接合理，在确定游览产品的组成内容时，应考虑哪些因素？

一、安全性原则

在旅游活动过程中，安全是游客最重要的基本需求，也是推进后续一系列旅游活动的前提条件。民宿主人在进行民宿游览产品设计时，应把安全性作为第一要义。

（一）便利且安全的交通条件

车辆、船只须持有相关管理部门印发的安全合格证书；须由专业人员驾驶，行驶过程中严禁超载、超速、疲劳驾驶，严格遵守交通法规；车辆、船只上配备相应的救生和防火设备；关注天气变化，合理安排出行时间，如遇到大风、浓雾、暴雨、暴雪等恶劣天气，要错开时间出行。民宿主人应考虑到以上情况，有效防范客人在旅游过程中发生事故。

（二）合理且安全的时间节点

游览产品中景点游览的时间节点安排应遵循所在地区域季节性。当涉及游览河流湖泊等自然景观及安排有大量室外活动的景点时，应注意避开极端天气及其次生灾害造成的安全隐患，如我国南方雨季，北方暴雪天气等可预见性的自然灾害。民宿主人应安排合理且安全的游览线路时间节点。

（三）舒心且安全的周边环境

游览产品中景点周边环境的安全性是提升客人游玩品质的重要部分，特别是涉及新开发的景点时，显得尤为重要。相比于开发较为成熟完善的景点来说，新景点的硬件设备有待完善，且存在一些不可预见的危险。因此，民宿主人在设计游览产品时，要着重关注并多次实地考察新开发景点周边环境的安全条件，保证客人在游玩过程中的安全。

（四）专业且安全的优质服务

客人在选择入住民宿时，对更加具有"人情味"的服务尤为看重。民宿主人应抓住客群心理，培养高素质的服务人员，提升与客人之间的交流水平。因此，在所设计的游览产品中的相关服务人员需具备较高的职业素养和职业道德，要有良好的预防意识和基本的急救知识，保证客人的安全。

二、在地性原则

客人来到区别于日常生活的空间，主要目的是感受不一样的生活节奏、体验不同的生活方式。游览产品承载了向游客"讲述"在地风土人情和文化内涵的重要角色。因此，游览产品中的景点应能代表区域独特性，以此带给客人难忘的独一无二的旅游体验。

视频2-1：三门峡山水隐庐民宿

（一）结合在地山川湖海等自然景观展示区域独特性

如乘船看漓江清晨的日出、傍晚的萤火虫、感受氤氲着雾气下的"写意"山水画，均向游客全方位展示桂林风貌，让游客多角度了解桂林的自然景观特色，给游客带来全新的体验感。

（二）结合在地建筑、饮食、服饰、节日等人文景观展示区域独特性

如蒙古族历史悠久的传统节日"那达慕"大会、以傣族传统服饰为主题的摄影、黔东南地区独特的牛瘪火锅等，具有强烈的本土风情的人文景观应作为游览产品设计时的主要考量要素，这种独一无二的体验正是吸引游客的关键要素。

（三）结合不同时节景观展现区域独特性

如新疆伊犁薰衣草的最佳观赏时间是每年六月下旬到七月初，喀纳斯则一年四季展现出风格迥异的美：春天是大地复苏的星星点点、夏天是生机盎然的山花烂漫、秋天是如油画般的层林尽染、冬天是银装素裹的白雪皑皑。在开发设计游览产品时，民宿主人应善于抓住当地景观与不同时节相结合而碰撞出来的"火花"，地理位置的独特性和景观呈现出的独特性，可以更好地展现出区域的独特性，让游客产生只有在此时此地才能享受到视觉、听觉、嗅觉、味觉等独特的体验，在其他地方是无法感受到的。

图 2-4 喀纳斯风光

三、效益性原则

开发设计游览产品的主要目的是实现民宿的可持续发展。随着我国旅游政策的变化及游客观念的改变，实现民宿的可持续发展应兼顾经济效益、社会效益和生态效益三个方面的效益。

（一）保证经济效益

保证经济效益可以为民宿主人带来经济收入，作为民宿主人获取利润的来源以及民宿持续经营的保障。在对游览产品定价时，应根据成本投入合理定价，保证经济效益的实现。

（二）保证社会效益

保证社会效益主要指在开发设计游览产品时，一是要考虑到文化的传承和发扬，让游览产品"说话"，让游客更深入地感受和体验区域文化内涵；二是要考虑到该产品与当地居民生活习惯的融合，应是当地风土人情的延伸和升华，而非照搬其他地方的设计理念，规避无中生有"移花接木"式的游览产品设计。

（三）保证生态效益

保证生态效益既符合国家倡导的绿色发展理念，又响应了全民保护环境的号召。因此，在开发设计游览产品时，应着重关注会产生污染物的环节，减少污染排放；尽量避免使用一次性用品，寻求可循环使用的替代品，呼吁人们践行绿色低碳的生活方式，鼓励厉行节约。

四、多样性原则

游览产品中项目的多样化可以增加产品的层次性和吸引力。通过不同主题的旅游资源要素组合，不同节奏的时间安排，来避免单一乏味的游览产品设计。通过不同的旅游活动，让游客全方位、多角度地体验游览产品的特色，满足游客求知、求新、娱乐、休闲的需求，带来前所未有的独特体验。

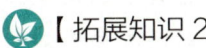【拓展知识2-1】

想要经营民宿，这些步骤不能少

1. 民宿定位

民宿定位指的是要成为怎样的民宿。从产业链上看，在民宿还没呈规模化时，通常都要通过"依托于景区存在"的发展，就是说要塑造配套设施的旅游景点。民宿靠旅游存活，这也是我国绝大多数民宿的发展状况，让游客游玩山水并且晚上可以拥有一处休息的惬意场所。

2. 民宿选址

气候是选址的关键因素，我国地域辽阔，有多种气候类型，不一样的气候类型会直接影响本地的自然美景和游客的旅游目的。民宿选址要挑选适合的温度、适度的阳光和降雨量的地区，防止出现短暂性恶劣天气的地区。

交通便捷是民宿设计的一个关键因素，都市的间距影响了潜在消费群体的数量。随着我国交通网络的完善，景区与都市的交通建设规划力度不断地增加，间距和时间已成为游客的参考项目，尤其是交通成为游客直接考虑的问题。

民宿归属于休闲旅游的范畴。绝大部分消费者来自都市，由于生活和工作的重重压力，他们期望在合适的时候得以休息。空气、水、环境这几个方面早已成为挑选民宿的关键指标，民宿设计与自然生态环境相辅相成。初期，民宿关键依靠自然生态环境，并没有太多的封闭建筑，保持环境的原生态是最理想的。

3. 文化的塑造

先说民宿餐饮业，其关键取决于用心。作为家庭式旅馆模式的民宿，可以按照家庭理念设计餐食规格，事先询问游客的个性化要求，并适度配搭本地特色食材，制作简单美味的餐点，让游客尽享其乐。减少一点花招，通过提高品质与房客分享等策略，给予游客良好的就餐感受。另外，特色饮食也能够产生差异化优势，比如，提供地区小吃或特色咖啡、面包等，将民宿与特定的饮食元素相结合，产生具备代表性和特色的品牌。

许多民宿提供"叫车"等服务。有的民宿主人甚至还是免费导游，进一步拉近游客与其之间的感情，让游客有一种与老朋友相逢的感觉。民宿为游客提供接送服务，再按照本地公共出行的特点，提供太阳镜、背包、雨伞等户外用品的租赁配套设施服务，为游客提供便利。并且，针对两类住宿对象（本地和外地游客）分别定制不一样的方案。用个性化的语言或其他游客的实际感受来介绍和推荐景点，确实可以起到引流作用。

（资料来自:《想要经营民宿，这些步骤不能少？》网址：http://www.born6.com）

第三节　民宿游览产品设计步骤

【案例导入】

"云端"民宿

龙脊梯田位于广西龙胜县龙脊镇平安村龙脊山。分布在海拔300米至1100米，最大坡度达50度，前往梯田的路几乎都是盘山公路，一直升到海拔600米以上，到梯田时海拔达到880米。散落在梯田里的民居，如卷轴般铺展在游客视野中。这般环境及氛围，成为民宿设计过程中最主要的元素。

龙脊梯田有一定的建设条件，距离成熟的旅游城市桂林市仅80公里，已有基本固定的当地游客来源。节假日，选择来此游玩休憩的游客不少。民宿主人是当地人，对于梯田具有深厚的感情，希望民宿的设计可以在保留特色的同时更好地展现家乡的风采。

梯田在不同的季节会展现出不同的颜色，春夏以绿色为主，秋冬以金黄色为主，溪流旁也种有浓密的竹林，不同时节的"层林尽染"给梯田"染"上了别样的风采。加之村落中的居民每到饭点便会生火做饭，袅袅炊烟在层层梯田中升起，仿佛在云端一般，使得民宿像是置身于自然画卷中，更加凸显了民宿的选址极具特色。梯田的高度不同会带给游客不同的观景体验。有长条卷轴式、有框景片段式、有连续断框画幅式，对不同的空间尺度和类型进行了设计。周围的树木、相邻的房舍、远处的山屏、一侧的田野、围合的竹林都是设计场地的一部分。游客融入其中，建筑的空间也围绕其展开……

【案例分析】

游客在购买民宿产品时，更多的是购买一种文化和向往的生活方式。而优秀的民宿设计可以让空间去表达民宿主人所倡导的生活方式和想传播的文化。让游客通过民宿展现的空间，去解读其背后的精神文化。

【思考】

在设计民宿游览产品时，怎样可以更好地体现民宿的精神文化？

图 2-5 梯田民宿

（图片来源：编者拍摄）

一、合理安排游览产品时间节点

根据民宿游览产品的设计方法和设计原则，确定该游览产品中包含的旅游资源要素。例如，该游览产品中包括哪些具体游玩项目，以此定位该游览产品的类型，突出主题和特色，确定游览产品的名称。

（一）节点状短途游览为主

由于民宿的住宿产品是最基本的产品形式，且住宿产品往往是吸引游客的关键点，如果其游览更倾向于以民宿为中心的短途旅行，在安排游览产品时间节点时，建议以短途游览为主。

（二）各节点转换应张弛有度

在安排游览产品时间节点时，要着重考虑民宿针对客群的具体情况，如身体情况和心里诉求等，尽量做到游览产品中各节点环环相扣，节奏张弛有度，让其"走进"该游览产品，"倾听"其所传达的精神文化内涵，而非"走马观花"式地游览。

二、确定游览产品所需人员及物资

优质的游览产品离不开专业的工作人员及相应配套物资的辅助。根据游览产品时间节点的安排，确定每个节点具体所需的人员及物资。

（一）专业的工作人员

游览产品的主题定位是以民宿的经营理念为出发点。因此，该游览产品中的工作人员需要认同民宿的经营理念及其倡导的生活方式，并且具备一定的专业知识，如摄影知识、讲解技巧等。在游客游览前、中、后三个时间段提供配套的专业服务，帮助游客更全面地体验产品的精髓之处。

（二）完善的配套物资

根据游览产品的主题特色和项目类型，配备相应的物资，如小风扇、纸巾、鞋套等，在为游客提供便利的同时，能让游客感受到民宿主的贴心服务，增进与客人之间的感情。

三、进行游览产品的可行性研究

推出游览产品之前，对该产品进行可行性研究是非常重要的一步。

（一）考察并确定基础设施和专项设施的安全

游览产品中所涉及的基础设施和专项设施是保证游客顺利游玩的关键所在，也是开展任何活动的重要基础。需要全方位地考察和调研，消除安全隐患，保证基础设施和专项设施的正常运转。

（二）安排便利的交通和餐食

游客在游览过程中的交通与餐食是影响产品评分的重要一环，也是游览顺利进行的关键。因此，要根据所在地地形特点、游览人员数量、游客饮食习惯等情况安排便利的交通和餐食，做好游客尽情游玩的保障性工作。

四、核算游览产品成本，合理定价

游览产品的高性价比是吸引游客购买并消费的关键要素，合理定价可以让民宿主获取长期稳定的经济效益。具体可根据该游览产品的时间跨度安排，消费过程中产生的人力成本、物资成本，服务内容等核算产品成本，同时对比市场定价，结合民宿客群消费层次及当地旅游淡旺季进行调整，合理定价。

【拓展知识2-2】

民宿设计如何具有独特的创意和个性

视频2-2：珠海蓝色海岸民宿

1. 舒适

民宿是游客的住宿场所，只有让游客住得舒服，民宿才会有好的口碑，才能维持游客的热度。所以，民宿空间的舒适感很重要，设计师应当提炼当地的民俗风情作为设计元素，结合主题、特色，营造更为舒适的环境氛围。

2. 个性

民宿设计在整体空间构成和装饰设计中，一方面，把当地传统文化元素挖掘并利用，另一方面，通过设计提炼更具个性化的现代元素，充分体现民宿独有的特色，创造民宿本身的艺术魅力与价值，使民宿设计具有独特的创意，有了个性、亮点、风格，就有了对小众客群的吸引力。

3. 回归自然

每家民宿都会选择一个有特色的地方，要么靠近雪山，观赏白雪皑皑的圣洁；要么住在高原，感受环境带来的独特体验；要么选择山间旷野，追求与自然的相融；要么选择乡村，品味轻松惬意的慢生活，这些民宿都是游客在寻找一种对自然回归的绝佳去处。

4. 环保

民宿选址通常会选择人文或自然环境价值比较高的地方，这样才能吸引游客，这充分说明环境价值的重要性。因此，在民宿营建过程中，要合理开发和利用当地的自然资源，并对这些资源采取充分的保护措施，以免生态环境遭到破坏，让受到保护的环境在民宿投入营业之后，成为吸引游客的亮点。

5. 差异化

在营建民宿时，如果建的和当地民居差不多，未必就能吸引游客。因此，在融入地方特色时，民宿改造要有所提炼、有所创新，将民宿整体艺术化、差异化，以吸引游客。

6. 本土化

游客在挑选民宿时，更多的是关注当地的景观与文化特色，而民宿是该地区文化的展示窗口，是最适合表现当地特色与风情的地方，也是最吸引游客的地方。民宿设计，必须充分挖掘和突出当地文化元素，让游客体验与自己所在地不同的文化。如果某民宿不断地吸引回头客，说明该民宿设计满足了游客探索当地文化、生活方式的好奇心，这样的设计才是成功的。

7. 业态化

民宿因其独特的设计理念和建筑风格，注定了它面对的是小众市场。因此，在设计民宿之前，必须找到要服务的客群，选择合适的客群，有针对性地进行设计和营建。民宿的房间数量不宜过多，一般在15间以下，有的民宿客房只有5间，有的面积在150平米以下，这说明民宿不必刻意追求规模与奢华，精致、有特色、小而美才是民宿的基本业态。

（资料来源：《民宿设计如何具有独特的创意和个性？》网址：http://www.born6.com）

图 2-6　山居民宿

（图片来源：编者拍摄）

第四节　民宿游览产品创新与开发

【案例导入】

梅里博物学之旅

梅里雪山位于西藏察隅县东部与云南迪庆藏族自治州德钦县境内云岭乡西部，是一座南北走向的庞大雪山群，距德钦县城 10 公里，最高峰卡瓦格博峰海拔为 6740 米，太阳辐射强烈、干湿季分明，气候呈现典型的垂直变化。梅里雪山集合了雪山、高山灌木、针叶林、草甸等不同的风貌，远处的雪山与近处郁郁葱葱的树林相映，形成鲜明的对比。民宿将定制独特的雪山博物学之旅，在每年的 8 月，定期出团，带游客体验多样的梅里。

一、探秘珍稀植物

梅里雪山地处横断山脉的腹地，属三江并流世界自然遗产区和国家级风景名胜区，是云南生物多样性最丰富的地区之一。长有多种珍稀植物，如西藏蒲公英、金黄杜鹃等。我们会特邀地方植物研究院的工作人员带领游客学习和认识这些稀有的高原植被。之后带领游客漫步至雪山脚下，倚靠着云杉看成群牛羊，并享用户外雪山下午茶。

二、寻迹高原精灵

我们会邀请常年驻扎在保护区的工作人员，带领游客进入保护区深处，认识生长在这片高原上的动物，去偶遇滇金丝猴、小熊猫、岩羊等高原精灵。之后去保护站围炉而坐，了解保护站日常工作，尤其学习传统藏式炉子的使用，并一起动手制作藏式午餐。

三、感受当地文化

在藏文经卷中，太子雪山13座将近6000米或以上的高峰，均被奉为"修行于太子宫殿的神仙"，特别是主峰卡格博峰，被尊奉为"藏传佛教的八大神山之首"。在神圣的雪山之前，感受藏传佛教文化，了解其派系及发展历程。

【案例分析】

案例中的民宿游览产品通过对民宿所在地自然景观的深度研究，以及对在地文化的深入挖掘，设计出不同目的地的探索路线，主题突出，独具特色，为游客带来难以忘怀的体验。

【思考】

在确定民宿游览产品的主题定位时，应主要考虑哪些因素？

图 2-7 雪山湖泊

（图片来源：编者拍摄）

一、探险型游览产品

探险型游览产品的主题是让游客在充满神秘感和刺激性的场所中参与户外探险活动，在活动中体验探险的乐趣。特色是客人的主动参与性较强，同时对客人年龄和身体素质有一定的要求。

民宿主人可根据区域地形特色和资源分布，结合客群心理诉求设计相关探险型游览产品。野外生存体验、野外实景剧本杀、森林探险、洞穴探险、攀岩、"外星探险"、热气球寻宝探险、草原赛马等项目均可以作为当天往返的节点状一日游游览产品的备选项目。由于民宿游览产品多是以一日游为主，而探险型游览产品多为大量消耗体力的项目，所以设计探险型游览产品时应注意分析不同项目的耗时和对于体力的要求。在突出主题的同时，科学合理地进行探险项目的组合，尽量规避当天无法返程及客人体力不支的情况出现。

二、文艺型游览产品

文艺型游览产品多是以文学和艺术为主题延伸，体现了游客对生活的热爱和思考。民宿主人可根据自身阅历、特长爱好和游客需求等要素开发具有区域特色的文艺型游览产品。就不同类型的音乐节，不同形式的艺术展览，不同年龄层的书法、绘画、摄影进修班等项目，选择主题相仿的项目组成特色突出的文艺型游览产品。结合当地景观特色，选择风景适宜的场地，让客人在体验文化艺术的同时，也可以感受到大自然的美。

三、养生型游览产品

养生型游览产品主要为客人提供休憩、健身、疗养、娱乐等一系列消遣性活动，客人对于吃、住、行的条件要求较高。因此，良好的环境、完善的基础设施、齐全的配套服务是养生型游览产品的基本要求。温泉、冥想、瑜伽、太极等活动可以作为养生型游览产品的备选项目，民宿主人可参考客源市场需求及区域环境特色，设计符合客人心理需求及特色鲜明的养生型游览产品。

思考与练习

一、简答题

1. 如何通过民宿产品突显民宿特色？
2. 请思考民宿产品和民宿所在区域之间的关系。
3. 请列举设计民宿游览产品的影响因素。

二、实训题

与民宿合作，教师带领学生根据民宿特色设计游览产品设计方案

实训项目	为民宿出具符合其特色的游览产品设计方案
实训地点	** 民宿
实训目的与要求	运用民宿游览产品设计的原则和方法，根据民宿所在地、周边人文景观、自然景观的分布，及民宿宾客定位，设计具有特色的游览产品
实训设备及材料准备	笔记本、相机、电脑等
模拟情境描述	组织学生赴当地 ** 民宿或学校校外实训基地，对该民宿周边情况进行调查记录。与民宿主人、管家、客人交流，对宾客需求做到心中有数。同时根据民宿所在地，及景观分布情况，分析游览产品中可能存在的问题，提出解决措施，出具较为完整的游览产品设计方案
模拟训练要求	1. 学生分组，五人一个小组，通过实地考察、访谈、查看民宿经营报表、搜集网络顾客评价等方法，了解线上、线下民宿宾客对游览产品的主要诉求 2. 学生按照不同角色进行分工，团结协作，运用沟通技巧，合理、有序、深入地开展各项前期调研工作 3. 运用游览产品设计原则及方法，提交完整的游览产品设计方案
任务考核	任课教师、民宿管家、民宿主人对学生的调研报告共同打分，对小组提交的游览产品设计方案的专业性、创新性、可行性进行评价打分

第三章
民宿文创产品

| 本章导读 |

  本章明确了文创产品和民宿文创产品的定义，介绍了民宿文创产品的基本特征和分类方式。在此基础上，阐述了民宿文创产品的设计原则、方法及设计流程。同时，本章进一步介绍了民宿文创产品创新应具备和掌握的创新要求和方式方法。

▌学习目标 ▐

1. 掌握民宿文创产品的定义、特征和分类方式。
2. 了解民宿文创产品的设计原则、方法。
3. 熟悉民宿文创产品的设计流程，能够开展市场调查和产品定位。
4. 具备创新思维，了解民宿文创产品设计创新的要求、方法。

▌思维导图 ▐

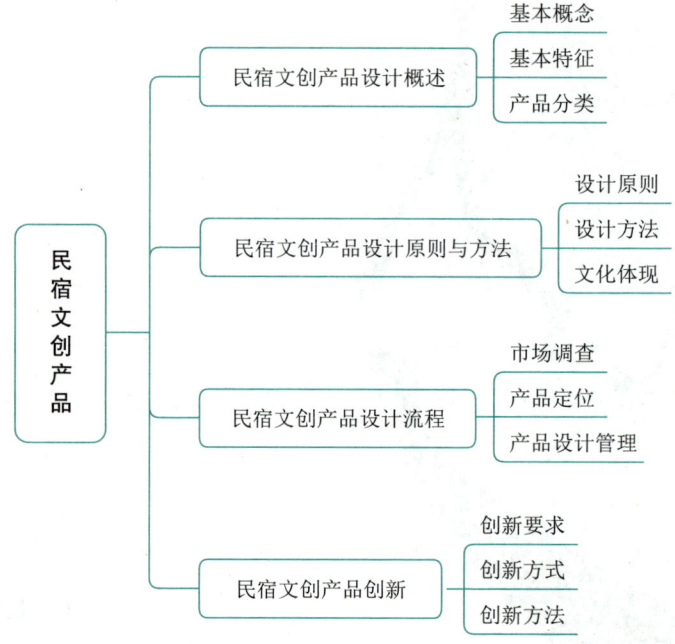

第三章 民宿文创产品

第一节 民宿文创产品设计概述

【案例导入】

沉浸式话剧《让美好不期而遇》

前不久,会员制乡村预订平台未来好宿和被称为"京城喜剧界黄埔军校"的话剧团队雷剧场合作,在北京山宿吾院上演沉浸式话剧,将本属于城市的文化娱乐方式搬到了乡村民宿里。

在"十四五"规划纲要明确提出要推动文化和旅游融合发展,要壮大休闲农业、乡村旅游、民宿经济等特色产业的背景下,此次跨界合作可以看作是"民宿+文创"业态的新尝试。

沉浸式话剧《让美好不期而遇》讲述了一个面临婚姻危机的城市家庭来到乡村民宿后发生的一系列故事,其内容非常贴近生活。作品打破了传统舞台的限制,不设舞台、没有座位、360度无死角零距离观看,并将戏剧、实景剧场、行为艺术、观众互动等多样元素融于一体,让人沉浸其中。

把脱口秀、话剧这些都市娱乐带进乡村,将城里人留下来,让乡村里的特色产品走出去,是未来好宿和雷剧场这次跨界合作的初衷。

会员制的预订平台无疑给行业带来了客户群突破的有力支持。例如,未来好宿,通过会员制的商业模式打通了民宿和用户的供需两端难题,形成了良好的控房机制,不但做到了"薄利多销",让会员以超值的性价比享受到精品乡村民宿的住宿体验,同时也盘活了空置的民宿资源,做到了民宿主、会员和平台的三赢。

在此基础上,未来好宿还布局自营民宿集,不仅助力乡村民宿脱困,更持续为乡村免费导流,创造优质就业机会,通过"互联网+民宿"推动乡村振兴。未来好宿创始人盖书华提出,每个村至少自营10~20家民宿,北京至少布局100个村,形成民宿集群。沉浸式话剧《让美好不期而遇》演出所在的北京延庆营盘村,即是未来好宿的试点村之一。

除了直接带动周边经济、创造更多就业机会外,自营民宿集群更会挖掘乡村自有特色，以更高品质的服务、更丰富的乡村游主题，为用户的旅程不断创造惊喜，同时围绕"住"的核心需求，搭建民宿携手餐饮、出行、主题文化活动等多种消费场景，构建小型"田园经济体"，打造"互联网＋乡村振兴"新范本。

（资料来源：百家号网站《"民宿＋文创"，能否解决乡村民宿核心痛点？》）

【案例分析】

文创产品可以是沉浸式演艺活动，也可以在当地土特产以及非物质文化遗产这些标志性的文化或在文化载体基础上进行创意设计，包括民宿建筑风格、内外装修、标识标牌、空间布局、景观小品、设施用品、伴手礼、游乐活动、推广宣传等一系列涉及食、住、行、游、购、娱旅游全要素的领域。

【思考】

1. 民宿文创产品设计应遵循的原则是什么？
2. 民宿文创产品的设计流程有哪些？

一、基本概念

1. 文创产业

文化创意，简称文创，是以文化为基本元素，运用人的创造力，利用不同载体进行再造和创新的文化现象。文化创意的核心在于"创意"，即产生新事物的能力。这些创意必须是独特且有意义的，它可以完全由自己首创，是前人和其他人没有的，如昆曲、京剧等，也可以是在别人首创的基础上进一步改造，形成新的事物，给人新的感觉，如大火的故宫联名口红。

作为近年来新兴的朝阳产业和经济增长点，文创产业包括广播影视、动漫、音像、传媒、视觉艺术、表演艺术、工艺与设计、服装设计和软件等方面的创意群体，已成为当前经济竞争力和文化向心力的重要指标。结合国内外学者对文化创意产业的研究和探索，文创产业可以定义为：以文化为基础，依靠创意、科技等对文化资源进行创造与创新，产出能够创造高附加值的产品的知识密集型、智慧主导型战略产业。

文化是文创产业的灵魂。创意是以文化为基础进行创造性的开发和运用，是基于文化对经济社会的渗透力和影响力的拓展和延伸。创意是文创产业的核心。文创设计对人的创造力、天赋和技能在文化、艺术和其他知识产品生产中的运用提出了要求，是知识经济时代的产物。产业是文创产业的属性。时至今日，文创产业已经渗透到国民经济的各个领域，创造出众多新产品、市场、就业机会和经济价值。

　　文创产业的出现与当时的历史背景密不可分。一方面，欧美发达国家完成了工业化，开始向高附加值的制造业和服务业转变，将低附加值的粗加工企业等向发展中国家转移；另一方面，"二战"后欧美国家出现了大规模的社会运动，各种社会思潮风起云涌，人们更重视差异，张扬个性的解放，逐渐开始承认以前较为小众的多元文化，形成了有利于发挥创造力的氛围。英国是最早提出"文创产业"概念的国家。20世纪90年代，为实现产业转型，刺激经济发展，时任首相布莱尔听取"创意经济之父"约翰·霍金斯教授的建议，将发展"创意经济"作为国家战略，并在1998年发布英国"创意产业纲领文件"。在这样的时代背景下，创意产业在西方发达国家不断发展。就世界范围来说，美国的文创产业比较发达，在其国内GDP中所占的比重非常大，在全球也产生了巨大的影响。文创产业在给美国带来巨大经济效益的同时，其文化价值体系和价值观念也对世界其他国家和民族产生了重要影响。

　　文创产业受时间和空间限制小，几乎不消耗不可再生资源，也不产生环境污染。相反，一个成功的创意和策划不仅能大幅度增加产品的附加值，提高企业的知名度，扩大市场占有率，而且能够保存许多传统文化资源并进行二次创作，使之重新焕发生机，提高人们的文化品味、精神品质和生活品质。

　　虽然中国拥有悠久的历史和丰富的文化资源，但是以文化创意产业的形式进行中国文化传播和推广方面的工作相对落后。如果没有关注自身的文化资源，没有对本土文化进行产业化发展，本土文化就会受到其他国家文化产业浪潮的冲击。对此，《国家"十一五"时期文化发展规划纲要》明确提出了国家发展文化创意产业的主要任务，要求培育文化创意群体和内容提供商，积极营造有利于集体和个人充分发挥创意、技艺、技术的氛围，落实培育创新型文化企业的相关政策，促进文化创意企业发展。2014年，国务院正式发布《关于推进文化创意和设计服务与相关产业融合发展的若干意见》，要求充分发挥文化创意和设计服务对相关产业发展的支持作用，提高文化产业创意水平和整体实力。

2. 文创产品

　　文创产品，即文化创意产品，是指以文化为共同条件，依靠创意、科技等手段对文化资源进行创造与创新，产出能够创造高附加值的产品。相比于一般产品更偏重实用性，文创产品兼具实用性和文化性，基于某个文化主题，加入设计师的创意，附加上超出用户期待的价值，让其心甘情愿地接受溢价。迪士尼公司是文化创意产品最典型的优秀案例之一。除了输出米老鼠和唐老鸭、迪士尼公主系列等动画之外，迪士尼还将各个动画形象与玩偶、文具、衣服等各种产品融合，充分开发其附加价值。比如，一款迪士尼的T恤，考虑用料、做工、运输和销售等成本后，假设其价格为几十元，但迪士尼在T恤上印上花木兰的形象之后，价格就翻了几倍。可以看出，文创产品在产品本身之外叠加了文化属性，这种叠加的文化属性就是文创产品的附加值，使产品更具竞争力，可卖出更高的价格。

2015年"中央一号"文件提出"三产融合"的概念，从经济发展、产业融合的角度为中国乡村振兴战略提供了持续的内生动力。民宿作为乡村吸引外来群体的有效平台，吸引游客走进乡村，通过留宿行为延长了其滞留时间，使游客能够更深入地领略乡土文化。在这个过程中，游客能接触新鲜的特色农副产品，民宿产业与农副产品加工业态也可以产生融合。那么，从农业产品角度而言，由原生态农产品到农产品加工产品，产业链得到延伸。同时，民宿从纳客、服务到产品销售形成一个有机系统，实现了功能拓展，即在完成住宿功能以外，实现了包括生态价值、景观价值、体验价值，甚至教育价值在内的多维度价值，实践了"三产融合"的第二条路径。

近年来，"民宿+文创"趋势迅速发展壮大，民宿文创产品成为民宿收益的重要组成部分。广义上，民宿的文创产品包含了民宿建筑设计、客房公共区域和公共区域的装饰布置、民宿活动策划和餐饮产品等；狭义上，民宿文创产品指的是民宿的家居日用品、工艺品、旅游纪念品等。民宿文创产品承载和反映了民宿的独特文化内涵，在民宿运营中发挥着重要的作用。

首先，民宿产品通过文创设计，成为吸引游客、形成话题的重要载体。精致、独特的文创产品契合当下年轻人的审美点。以文化创意为核心举办的活动，不仅销售文化创意产品，也为民宿吸引游客目光和注意力制造了足够的话题。2019年，一场主题为"松阳故事"的农文旅融合展览在丽水市美术馆开幕，松阳著名民宿山村人家的业主现场展示古法造纸技艺，并用古法纸做成了纸扇、纸伞、灯罩等文创产品，吸引了不少游客。

图 3-1　彩色纸伞

其次，民宿文创产品作为民宿和当地文化内涵的载体，在展示和销售过程中将各类无形的文化以物质形态融入日常生活，不仅对文化起到保护和传承作用，同时也将文化向更大范围传播。例如，杭州云来集民宿坐落于杭州径山茶叶生产基地附近，通过特色的茶叶、茶具、茶宴、茶疗等宣传，推广径山禅茶文化。

图 3-2　禅茶

二、基本特征

在具备一般商品的特征之外，文创产品还应具有独有的特征，以满足游客在物质层面需求以外的心理和精神层面的需求。

1. 文化性与艺术性

文化性是民宿文创产品的核心，消费者购买文创产品不仅仅是为了其实用性，也是为了背后承载的一种独特的文化，或是一种由文化带来的情感溢价。创意产业是通过创造性思维为产品注入新的文化、新的思想、新的情感和新的概念，极大地提高文化附加值，产生可观的经济效益。在体验经济时代，民宿文创产品代表了民宿及民宿主人独特的精神价值，体现了消费者独特的价值追求。

艺术性是指在结合设计条件、材料、环境进行设计活动时，创作主体应对设计的审美规律有所参照，设计作品应对设计审美要素有所展现，在欣赏时能够给受众带来愉悦和美的感受，唤起人们的生活情趣和价值体验。如今的新生代在社会快速发展的背景下，热衷于"网红"效应和个性化十足的事物，民宿在选择文创产品时，也应当倾向于能体现民宿鲜明个性的产品。

图 3-3　故宫文创摆件

2. 纪念性与时代性

纪念是人们对现实生活的一种感知方式，并以这样的方式不断丰富个人和集体的文化意向，进一步形成丰富多样的人类文明。纪念性强调游客与被纪念事物之间的关联性，而文创产品是将纪念性的意义赋予产品，以唤醒某种记忆。因此，民宿文创产品除了带来审美愉悦之外，也能够帮助人们想起他们在民宿的美好记忆。

除了能够勾起人们对过去的回忆，民宿文创产品设计应当同时体现当代人的审美需求，能够与当代人产生沟通与连接。我国的部分手工艺或者民俗非遗传承难以维系，主要是因为因循守旧，不能够适应时代潮流，与当下生活方式结合不够紧密，导致产品的时代性不足。因此，优秀的民宿文创产品需兼具纪念性和时代性，在传承优秀文化的同时体现时代的发展。

图 3-4　农民庆祝丰收玩偶创意摆件

3. 地域性与民族性

不同的地域必然有不同的文化空间，所形成的文化环境也各不相同。地域文化反映着这一地区社会、民族、经济、政治、宗教等文化形态，蕴含着民族的哲学、艺术、宗教、风俗以及整个价值体系的起源。例如，中国道教文化的"八卦"符号，寓意平衡天地、包罗万象、和谐共生。可提取八卦盘具有代表性的六边形作为文创产品的形态元素，将道教文化语言得以符号化，以表现产品特色。

同时，不同的民族所表达的文化特性也不同。民族指的是在文化、语言、历史与其他人群在客观上有所区分的一群人。一般来说，一个民族在历史渊源、生产方式、语言、文化、风俗习惯以及心理认同等方面具有共同特征。中国有 56 个民族，每个民族都有其文化个性。"民族的才是世界的"，在艺术风格上越具有民族性，就越具世界性。民宿文创产品也应当体现所在地的文化特性，而不是一味地选取当下流行的"网红"文化，造成产品同质化的局面。

图 3-5 "美人"茶杯

4. 实用性与经济性

在美国、英国等设计发展水平相对较高的国家，审美和艺术的趣味性常被优先考量。而在中国，传统非遗项目手工艺创作者似乎更受资本市场的青睐，很大程度上是因其可直接生产具备实用价值的产品。鉴于此，消费者在选择文创产品时更青睐兼具实用价值的产品。因此，实用性虽然不是必要选项，但应是民宿文创设计考量的重点。

经济性是指以最低的能耗达到最佳的设计效果。民宿文创产品设计应该具有较高的性价比，针对细分市场设定合适的价格。很多旅游景点的文创产品缺乏创新性却价格虚高，因而无法吸引游客驻足购买。优秀的创意设计能够赋予产品文化内涵，提升产品的体验价值，从而使产品具有较高的附加值，让游客觉得"贵有贵的道理"。

图 3-6　故宫口红

三、产品分类

1. 基于产品功能分类

（1）消费型文创产品

消费型文创产品是指能被游客快速消耗，不适宜长时间保存的文创商品，一般来说，与食品相关的比较多。游客在游玩途中或回家后会快速消耗此类产品。如果产品具有较高的品质、较强的文化属性和鲜明的个性，会让游客对产品产生好感度和忠诚度，进而重复购买或向亲朋好友宣传推广。

目前，大多数民宿位于乡村地区，茶叶、稻谷等土特产与农副产品货源充足、品质较好且富有特色。在过去，农民在收获季节将大批辛苦劳作生产的物资以低价卖给中间商，获利非常少。民宿依据当地特色资源开发消费型文创产品，跳过中间商，让优质产品直达消费者，农民也能够获得更高的利润。而民宿通过创意的包装、感人的文案，不仅传达了民宿的特色文化，而且还传达了当地独有的人文风土人情。

图 3-7　红糖糕点

（2）纪念型文创产品

纪念品是指游客在旅游过程中购买的富有地域特色和民族特色的商品。纪念型文创产品一般能够保存较长时间，带有时代、地域或者某种精神的印记。纪念型文创产品种类较多，从实用产品到装饰性的摆件，从使用频率高的到使用频率低的都有。每当游客使用或者欣赏该产品的时候，会回忆起在民宿的经历和体验。

图 3-8　星巴克城市杯

（3）馈赠型文创产品

馈赠型文创产品往往代表赠予方的地位和价值认同，一般做工精致，寓意深刻，体现丰富的文化内涵。例如，商务礼品蕴含企业文化。民宿可以开发一些富有民宿特色的低成本产品，例如文具、玩偶等，在客人离店时作为礼物赠送，既体现了民宿主人的热情好客，也可以在离店后继续加深客人对民宿的印象。

图 3-9　剪纸书签

2. 基于产品材料工艺分类

近年来，民宿文创产品丰富多彩，材料和工艺技术发展日新月异，大多数文创产品会结合数种不同的材料和工艺进行设计。所以在产品设计阶段，就应有针对性地选择能够表现产品特征的材料和相应的工艺。

（1）陶瓷与泥塑类

陶瓷被称为"土与火的艺术"，也是人类最早利用非天然材料制作而成。以陶瓷作为主要材质的文创产品，常见的多是摆件、餐具和首饰等物品。不同工艺也会呈现不同的特点，如景德镇的白瓷素有"白如玉，明如镜，薄如纸，声如磬"的美名。民宿在提供餐饮服务时所使用的餐具、展示茶艺时所用的茶具就是典型的陶瓷类文创产品。

泥塑，俗称"彩塑"，即用黏土塑制成各种形象的民间手工艺品，是一种中国民间传统的古老艺术。泥塑手艺人在黏土里掺入少许棉花纤维，捣匀后，捏制成各种人物的泥坯，经阴干，涂上底粉，再施以彩绘。泥朔以泥土为原料，以手工捏制成形，或素或彩，多以人物、动物为主。如今，民宿可以结合热门 IP、地方故事等元素创新开发泥塑文创产品。

图 3-10 泥塑老虎

（2）布艺与皮革类

中国的传统布艺主要用于服饰背包、床上用品、小件的装饰，如手帕、荷包，以及玩具等。它以布为原料，集民间剪纸、刺绣、制作工艺为一体，能够柔化室内空间生硬的线条，营造温馨、舒适的室内氛围。在现代社会，布艺主要指以布为主料，经过艺术加工达到一定的艺术效果、可满足人们的生活需求的制品。民宿在提供住宿和餐饮等基本服务时，会用到大量的布艺品，如毛巾、浴巾、床单、枕套等。部分强调绿色环保的民宿会提供布艺手巾，以代替纸巾，并作为商品或礼品出售或赠予。

图 3-11 儿童虎头绣花鞋

天然皮革，也就是人们常说的真皮，比较受中高端消费群体的追捧。皮革的类型不同，其特点和应用场景也各不相同。因其特别的质地、光泽和相对较高的价格，民宿的皮革类文创产品常被用于开发成小件商品或赠品。

（3）金属类

从"青铜器时代"到"铁器时代"，再到现在的"轻金属时代"，金属一直是人类文明史上最重要的材料之一。金属特有的延展性、光泽、色彩和肌理以及丰富的种类为民宿开发此类文创产品提供了良好的发挥空间，比如筷子、汤勺等特色餐具以及书签、笔刀等文具。

图 3-12　金属字符

（4）木材类

木材也是人类最早使用的材料之一，有着丰富的色彩、柔和的触感，能够营造出生态自然的感觉。木材种类丰富，有较为名贵的檀木、黄花梨，也有较为常见的杉木、橡木等。常用木材可分为硬木类和软木类。民宿常根据材料特性，如档次、硬度、色彩、肌理等，开发成不同的制品，如餐具、饮具、摆件小物等。

图 3-13 木制碗碟

（5）纸艺类

纸材料除了价廉、易得之外，也因其本身的高可塑性而成为民宿文创产品的主要材料之一。纸艺作品的类型很多，从平面的剪纸画到立体的纸雕塑、纸玩具、纸家具等都可见其身影。不同的纸艺作品因为所选用纸的特性不同而别具特色。民宿的纸类文创产品除了工艺品之外，还有宣纸、笔记本等特色文具。

图 3-14 清华大学录取通知书

（6）玻璃类

玻璃是一种脆性材料，虽硬度较大，但抗张强度较低。中国古代因工艺限制而无法生产大量玻璃产品,但随着工艺技术的进步,玻璃制品也越来越受欢迎。因其透明的光泽和丰富的肌理,民宿可在装修装饰中使用玻璃建造幕墙或隔断,并利用玻璃开发特色的酒杯、灯泡等日常生活或价值较高的艺术摆件等文创产品。

图 3-15　玻璃花瓶

（7）塑料类

塑料的发展相对于其他材料的发展时间比较短暂,但发展速度非常迅猛。塑料具有易成型、成本低和质量轻等特点,常见于中低端纪念品市场。民宿的塑料类文创产品一般都以小件物品为主,相较于质量,更加注重其文化属性。

图 3-16　小和尚摆件

第二节　民宿文创产品设计原则与方法

【案例导入】

民宿是文创行业

"当我们在谈论民宿时，我们在谈论什么？"在河南省首届民宿投资大会上，宁波民宿产业协会规划设计分会会长李照辉一开口便把观众带入了"民宿"特定的剧情之中。

与很多人一样，李照辉也赞同民宿兴起背后是"一种生活方式的转变"，更认为民宿是文创行业。他说，文创最重要的突出特点就是高附加值，比如，一间民宿值200元，经过我们文创的设计包装，一个晚上可能会卖到1000元、2000元。

而与其他人不一样的是，李照辉认为，做民宿不能先谈情怀，而是要以做商业项目的心态去做。在做好民宿项目的基础上，开发属于自己品牌的东西，将会衍生很多的文创产品，如此带来的收入不经意间就超过客房的产值。

李照辉以他的作品慈舍美学民宿为例说明了这点。2017年，慈舍美学民宿客房收入占全部收入的53%，非客房收入占47%；2018年，已经悄悄发生了变化，多半的收入来自非客房收入。"非客房收入是什么？就是餐、茶、文创、活动等。"在李照辉看来，客房收入有天花板，房间少，卖得再贵，收入也不会太多，但非客房收入做得好，会打破天花板效应。因此，做民宿不只是宿，而是要把民宿打造成综合性的生活空间，这是未来民宿应该发展的道路之一，至少是方向之一。此外，还要拓展民宿乡村优秀农特产品的城市销售空间，做成优质健康食材的餐饮体验和住宿的城市样板。

【案例分析】

要想做好民宿，背后的运营力很重要。首先，要做好基本功，比如，"三个凡是"：凡是客人看到的必须干净整洁，凡是客人使用的必须舒适安全，凡是客人感受到的必须热情周到。能够做到这三点，这个民宿一般不会太差。此外，要理直气壮卖情怀，还要做好关键特色，挖掘属于自己民宿的记忆，比如，一道好菜、一碗好面或一个可爱的小动物。

（资料来源：河南日报网 2019-04-10《民宿是文创行业——访宁波民宿产业协会规划设计分会会长李照辉》）

【思考】

民宿文创产品对民宿自身发展有哪些促进作用？

一、设计原则

1. 以市场为导向

市场导向原则强调以市场需求为出发点。企业的出发点不应该是以现有产品去吸引消费者，而是从市场上的需求出发，规划产品的生产和销售。企业不能单纯只追求短期销售量的增长，同时也应当注重市场占有率并扩大市场份额。民宿市场环境瞬息万变，相关法律法规也在不断完善，民宿文创产品能否适应市场的发展变化是文创产品在竞争中赢得生存和发展的关键。

因此，开发民宿文创产品必须以市场为导向，合理配置资源，扬长避短，制订合理有效的市场营销战略，有针对性地开展市场营销活动，确保民宿经营目标得以实现。同时，需要重视民宿市场调研，以适应不断变化的消费需求，并力求发现那些尚是空白的市场空间，并通过产品的开发、价格、渠道、促销等策略的制订去填补这些空间。民宿只有在不断满足游客的需求中扩大市场销售份额，才能长久地获取丰厚的利润。

2. 融合民宿服务场景

纳入民宿系统性服务场景、体现服务理念是民宿文创产品设计的重要准则。现代设计在要素考量时主要关注形状、材料、色彩三个方面。而开发民宿文创产品是民宿行业面临复杂的产业语境所提出的需求，其相关设计需考虑的内容则远不止于上述传统的三个方面，要将文创设计纳入民宿整体的组织文化建构中去。

例如，许多民宿会像传统酒店一样将印有民宿LOGO的笔、笔记本放在房间内。城市内传统酒店的使用场景大多覆盖商务需求，办公桌上的电话、电话旁的便签纸和文具盒与这一场景吻合；但对民宿而言，游客对休闲的诉求远大于商务需求。因此，民宿文创产品设计应先考虑民宿的服务场景和环境，设计与自身文化相符的产品。

3. 突出差异

差异化原则的实质是一种设计创新，目的是让产品与其他同类型产品有明显的特色区别。民宿必须从多个角度展开分析、加强判断、深入思考，通过市场调研分析，根据不同市场需求的多样性和购买者行为的差异性，把整体市场，即全部顾客和潜在顾客，划分为若干具有某种相似特征的顾客群，从而对产品品类进行细分定位，根据不同产品和消费者的特点，采取不同的设计思路，选择合适的设计策略或方法。

随着"互联网+"模式的出现，文化不再以传统的方式要求人们去感受，而是创新性的以符合时代的方式在人们的生活中传播和渗透。突破同质化的现象需要有创新，使用创新的造型、材料、工艺以及展现方式等一系列方法，使文创产品差异化，创造出令人意想不到的产品，或利用差异化设计扩大文创产品涉及领域，利用创造性，设计体现文化的存在感与普遍性的民宿产品。

4. 兼具美观与实用

民宿文创产品需要兼具美观和实用。美观的产品设计看起来更容易使用，而且有着更高的被使用的可能性，相反，实用但缺乏美感的设计，可能会遭到冷落。由此，美观的设计比缺乏美感的设计更能有效地培养消费者积极的使用态度。

文创产品不仅要满足消费者审美的需求，同时还要使消费者感觉到"美观的产品更好用"。因此，在开发民宿文创产品的过程中，应细心观察消费者的情感与喜好特征，总结其美学要求，在和文化结合的同时，设计出符合需求的美学产品。而现实的大多数文创产品设计往往外表大于内在，只表现了"颜值"，却忽略了实用性和品质，这就需要民宿严格把关产品品质，设计出符合兼具"颜值"与"实力"的产品。

5. 注重绿色环保

民宿本身就是与自然结合相当紧密的产物，设计民宿文创产品时也应当着眼于绿色环保，在每一个决策过程中都要充分考虑环境效益，尽量减少对环境的破坏，包括产品设计的材料选择与管理，都要尽量减少物质和能源的消耗、有害物质的排放，而且要使产品及零部件能够方便地分类回收并再生循环或重新利用。绿色设计与传统设计相比，应遵循以下原则。

（1）资源最佳利用原则

资源最佳利用原则包括两个方面的内容：一是在选用资源时，应从可持续发展的观念出发，考虑资源的再生能力和跨时段配置问题，不能因资源的不合理使用而加剧枯竭危机，尽可能使用可再生资源；二是在设计时尽可能保证所选用的资源在产品的整个生命周期中得到最大限度的利用。

（2）能量消耗最少原则

能量消耗最少原则也包括两个方面的内容：一是在选用能源类型时，应尽可能选用太阳能、风能等清洁、可再生能源，尽量不用石油等不可再生能源，有效缓解能源危机；二是设计师在设计产品时，要力求产品在整个生命周期循环中能源消耗最少，并减少能源浪费，避免这些浪费的能源可能转化为振动、噪声、热辐射以及电磁波等。

（3）"零污染"原则

绿色设计应彻底抛弃传统的"先污染，后处理"末端治理环境方式，而要实施"预防为主，治理为辅"的环境保护策略。因此，民宿文创产品在设计时就必须充分考虑如何消除污染原，从根本上防止污染。

（4）"零损害"原则

绿色设计应该确保民宿文创产品在生命周期内对生产者和使用者具有良好的保护功能，在设计上不仅要从产品制造、使用环境以及产品质量和可靠性等方面考虑如何确保生产者和使用者的安全，而且要使产品符合人机工程学和美学等有关原理，以免对生产者和使用者的身心健康造成危害。

（5）生态经济效益最佳原则

绿色设计不仅要考虑民宿文创产品所创造的经济效益，而且要从可持续发展的观点出发，考虑产品在生命周期内对生态环境和社会所造成的影响而带来的环境生态效益和社会效益的损失。也就是说，要使绿色产品生产者不仅能取得好的环境效益，而且能取得好的经济效益，即取得最佳的生态经济效益。

二、设计方法

1. 复刻

复刻式设计是将某样事物的整体造型进行复制、缩小后，直接应用于文创产品的设计方式。被复刻事物的造型基本保持不变，但大小和功能可能会出现变化。

2. 提取

提取式设计是提取事物造型上具有代表性的局部图案或元素，通过创意设计运用于不同品类文创物品的方法。在创新设计的过程中，事物的形态可能会发生转变。

例如，苏州博物馆提取了苏州园林里常见的代表性元素廊窗，利用中国园林特有的"借景"手法设计了一组冰箱贴。一座园林的面积和空间是有限的，为了扩大景物的深度和广度，丰富游赏的内容，借景手法将远景、近景通过精心选择和剪裁收纳在圆形的廊窗中，是中国园林设计的常用手法。这组冰箱贴共有三款，包含亭台楼阁、假山流水、花草树木和飞禽走兽等苏州园林的常见意象，同时合适的价格、精致的做工和实用性都极大地增强了产品的吸引力。

图 3-17 苏州园林冰箱贴

3. 重塑

重塑式设计是指不囿于事物原本的外在造型、图案等元素，通过解读文物深层的历史文化内涵，探究符号的象征意义，结合使用环境、人群需求和时尚元素，开发与原作外形不同，但神似的创意产品。在外观上，这类产品可能与原作的差距较大，需要仔细观察和体会，才能领略到蕴含的文化意蕴及艺术趣味。重塑式设计对设计者的要求较高，既要能够深刻理解原作的文化底蕴和精神，又要有将文化底蕴和精神进行创意表达的能力。

陕西文物复仿制品开发有限公司根据孔子的话"非礼勿视，非礼勿听，非礼勿言，非礼勿动"，结合秦始皇兵马俑的形象，设计了"兵兵有礼"系列文创产品。雕塑人物用手捂住眼睛、耳朵、嘴巴，或双手背在身后，形象地诠释了"非礼勿视,非礼勿听,非礼勿言,非礼勿动"的理念,体现了中国数千年流传下来的儒家文化。

图 3-18 "兵兵有礼"摆件

三、文化体现

文创产品与一般商品的区别在于其蕴含的文化性。中国历史悠久,文化资源丰富。大部分民宿处于传统文化或地域文化氛围浓厚的乡村地区,将优秀、特色的中国文化融入民宿文创产品,是增强民宿特色和竞争力的重要方法之一。

1. 中国优秀传统文化

(1)人性化

在现代设计美学观点中,艺术设计的价值观决定了设计的中心是人,而不是物。在中国传统美学中也强调"仁者爱人""道法自然"等美学思想,体现了人对其他生命的友善和关爱,尊重人的自主性和独立性,体现人性化的设计理念,强调设计伦理,注重人性需要的本质,全面尊重、关爱使用者的生理、心理及人格的需要。

(2)和谐化

"天人合一"是中国传统美学的命题之一。儒家的"天人合一"美学思想是论证人与自然环境之间的关系,体现在设计原则上是一种和谐化设计,即在处理人、产品和环境要素的相互关系时,使各个对立因素在动态的发展中求得平衡,并将彼此间具有差异性,甚至矛盾性的因素互补融合,构建一个有机的、和谐的整体，实现物质和精神等诸多因素的和谐。

（3）注重自然本真的表达

在纯朴的设计中，应注重材料本质的表达，表现出素净、古朴之美。设计作品一般呈现出岁月的沉淀，使观者长时间地欣赏并回味无穷，带来长久的美学体验和精神上的满足。

2. 地域文化

中华大地因其得天独厚的地貌和人文风情，缔造了辉煌灿烂的历史文化。中华文化融合与集成了中国多个地域文化的精华。我国地域文化主要是受自然地理环境、移民、区划、民族等影响，在特定区域孕育而成，如巴蜀文化、关中文化、吴越文化、客家文化等。地域文化是历史遗存、文化形态、审美取向、社会习俗和生产生活方式等在一定地域范围内长期融合形成的。不同地区在审美取向的差异，丰富了中华民族丰富多彩的文化形态。

地域文化是文创产品设计的灵感和基因。英国学者泰勒认为："所谓文化或文明，即是知识、信仰、艺术、法律、风俗以及作为社会成员的人们所能获得的包括一切能力和习惯在内的复合性的整体。"如果缺乏对地域文化的尊重，就会忽略每种文化所具有的独创性，以文创产品设计为例，缺乏对地域文化的挖掘，就会导致产品同质化现象。

同时，民宿文创产品设计可以保护和传承地域文化。文化认知是地域性思维活动形成的易于自觉接受的文化行为，对文化的理解与认同受到生存环境的影响和制约，具有特定的认知性和习惯性，地域文化决定了产品设计的文化特征。

3. 情感体验

每一件文创产品背后都有一段故事。文创产品个性化、差异化的特点使消费者体验到了不同的文化，得到了不同的情感体验。马斯洛的需求层次理论，生理层面的需求、安全层面的需求，爱与归属层面的需求、尊重层面需求和自我实现层面的需求，刚好与诺曼的设计三个层次形成映射关系，即本能层次（直观感觉，包括视、嗅、味、听和触这"五感"）、行为层次（交互、互动、社交）、情感层次（背后的文化内涵、产品的品牌故事、产品的个性和差异、价值判断和选择等）。

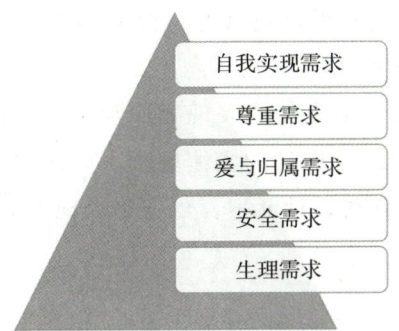

图 3-19 马斯洛需求层次理论

在本能层次，对产品的感知，很大一部分在于对产品的造型、色彩、气味及质感等的感知。这个层次属于产品的物质层面，是可以直观感觉到的。民宿可将民宿房间、建筑和风景等的造型、装饰纹样通过创造性的设计、工艺和技术体现在产品设计上。

行为层次超越本能层次，可根据人的生活方式、使用产品的方式、仪式和中间过程等方面去设计，如产品的功能性、易用性和仪式感等。

反思层次，又称情感层次。当人们在看到或使用产品后会产生记忆回响，这种回响是消费者在情感层面的反思感受和价值衡量，和产品的意识形态层面是相对应的。对文创产品设计来说，反思层次是避免文创产品同质化的有效途径，产品背后的文化才是文创产品的内涵所在。反思层次的文化内涵可包括产品的故事性、情感和文化等特性，民宿在开发产品时应该注重产品的内涵和文化意义。

4. 文化符码

文化符码最早由法国文学家、哲学家巴贺德在 20 世纪 70 年代初提出。设计文化符码时，要求设计师能够敏锐地分析文化差异，并将这种有用的分析运用到作品创作上。学者杨裕富在《设计的文化基础》一书中建构了如下三个层次的设计文化符码。

第一层次：策略层，指设计创意定位，包括了设计作品的说服层次与设计作品的说故事层次，设计构思中应思考如何用好文化特色，如何策划组合规则、策略元素。在文创产品中，策略层往往需要对人群和文化资源进行充分分析，进而有逻辑有目的性的规划设计品类和设计内容。

第二层次：意义层，指设计传达的意义，包括了说故事层次与语义层次。

在意义层较多考虑运用怎样的器物参考、视觉元素进行组合，传达哪些内容，包含传达内容主次、文字图形的组合等。

第三层次：技术层，指设计的表现形式及手法。技术层作品包括了设计作品的美感形式层次与设计作品的媒体层次。当需要传达的内容确定后，技术层需要考虑如何传达各种设计元素，也就是表现手法、表现形式、媒介等。

第三节　民宿文创产品设计流程

【案例导入】

民宿伴手礼

"之所以选择仙都龙须团扇作为我们民宿的伴手礼，不仅这份伴手礼有我童年的美好回忆，我还想通过对其改良和赋予新的创意，保护和传承老手艺，将乡村的文化以及生活方式展现出来，给城市中的人们带来不一样的体验。"获得首届"浙宿好礼"乡村民宿伴手礼大赛贡献奖的缙云宋哥香墅民宿客栈负责人宋建平说道。

为打造具有浙江标志的民宿伴手礼，提升民宿高质量发展，浙江省文化和旅游厅启动首届"浙宿好礼"乡村民宿伴手礼大赛，经网络投票、专家评审，共评选出综合奖29名，单项奖24名，组织奖5名。

缙云县2家民宿在全省400多家民宿中脱颖而出，其中缙云宋哥香墅民宿客栈的仙都龙须团扇获得单项奖中的贡献奖，子矜民宿的蒲草旧事多功能蒲草袋获故事奖。

缙云宋哥香墅民宿客栈的宋建平将仙都龙须团扇经过创新改良，增加了功能性和实用性，即在扇子柄尾端增加镂空香囊，储物吊坠中放置传统秘制的驱蚊香球，也可滴上薄荷精油，清凉驱蚊；或在特制的葫芦里，存放必备的常用丹药，纳凉、携带两不误。

"来我这里住宿的游客，我把扇子作为伴手礼赠予他们，游客们非常喜欢。好多不在我这里住宿的游客纷纷慕名前来购买。"宋建平说，今年夏天仅团扇，他就在壶镇和睦村购置了300多把。看着当地传统文化得到这么多游客的喜爱，又能给村民带来收益，他感到很开心。

与仙都龙须团扇一样，子矜民宿的蒲草旧事多功能蒲草袋也是以缙云特有的蒲草为原材料，将旧时为农民劳作、赶集经商等外出时盛放米饭、携带干粮所用的蒲草袋，加入一些其他元素，比如，缝上布当手提袋或用来插花，使之更符合当下使用和具备观赏装饰的价值。今年夏天该民宿准备的100多只蒲草袋同样受到了游客的好评。

据壶镇和睦村的村民章婉娇介绍，壶镇和睦村曾是远近闻名的蒲扇村，辉煌时几乎家家户户的妇女都会编蒲扇。近年，这一行业日渐式微，会这门老手艺的手艺人也是寥寥无几，且不少手艺人年事已高。"随着民宿伴手礼的兴起，宋哥香墅和子矜民宿帮助我们村推广蒲扇，村里做蒲扇的人重新多了起来，现在已有10多户在从事这一行，生意也比以前好了很多。"章婉娇说。

边晒蒲草，边与我们话家常的村民胡月兰，说："平常我在家给儿女带孩子，现在蒲扇生意好起来，我就一边带孩子，一边编蒲扇，在家门口赚钱、带娃两不误。"

宋建平作为缙云宋哥香墅民宿客栈的负责人和轩辕民宿部落协会会长，他告诉记者："现在，仙都轩辕文化民宿一条街已有民宿61家。随着仙都5A的成功创建，如今的仙都，处处美好，是诗画浙江的鲜活样板。来年，这一件件充满乡愁的老手艺伴手礼，一定会受到更多游客的青睐。"

如今，创新的农产品民宿伴手礼，正在以一种全新的方式为乡村赋能，助力乡村振兴。

【案例分析】

作为情感载体的伴手礼，是一座城市的心意，代表着这座城市独有的历史、文化与情感，极富地方特色，也是各地游客归家后妥善存放的一份念想……

（资料来源：天目新闻2020-11-1《当民宿伴手礼与老手艺碰撞　点亮乡村》）

【思考】

如何实现民宿伴手礼的创新？

一、市场调查

文创产品市场调研是一种有计划、有组织的活动，必须遵照既定的调查流程，才能有条不紊地实施调查，取得预期的效果。在市场调查过程中，文创产品市场调研的程序一般可分为以下四个阶段。

图3-20　文创产品市场调研程序

1. 确定调查主题

调查主题是指此次调查需解决的最关键、最迫切的问题，即需要完成的任务和实现的目标，是开展市场调查的关键，为后续制订计划和选择方法指明了方向。在确定调查主题时，需要对主题进行限定和具体化，避免调查主题太宽泛，在花费大量人力、物力之后得不出有效结论。但是调查主题也不能太窄、太细，如果调查主题选得太窄，结论就不能充分反映市场营销的情况，发挥不了应有的作用。根据文创产品调查主题，调查项目可以分为探索性调查、描述性调查和因果关系调查三种类型。

（1）探索性调查

探索性调查目的是了解问题的性质、确定调查的方向与范围而进行的初步调查，一般在调查主题的性质与内容不太明确时使用。例如，当民宿发现近几个月文创产品销量明显下降，可能是有类似产品进入市场、消费者的喜好发生变化或产品出现质量问题等多种原因，这时就可以通过探索性调查了解情况、寻找症结，并及时作出调整。

（2）描述性调查

描述性调查是对文创市场营销决策所面临问题的不同因素、不同方面的调查。描述性调查强调收集和分析资料数据，着重于描述客观事实。在调整文创产品经营策略时，需要全面调查和分析近些年市场发展变化，经济发展大环境，产品社会拥有率、饱和度和普及率，其他竞争性产品的生产现状等数据，并作出相应预测。

（3）因果关系调查

因果关系调查是为了分析经营活动的不同要素之间的关系，查明现象产生的原因。在经营活动中存在多种因素且相互关联，如民宿自身可控的产品产量、价格、人员及费用开支等变量，以及受外部多种因素共同影响，如销售额、产品、成本、利润等。通过因果关系调查能够帮助民宿清楚变量之间的影响，从而做出更科学的决策。

2. 制订调查计划

（1）确定资料来源

文创产品调查计划必须考虑资料来源的选择，按其来源可分为一手资料和二手资料。

一手资料指的是为了调查目的采集的原始资料。大部分市场营销调研项目都通过实地考察和深度访谈采集一手资料。采集一手资料的费用相对较高，但得到的资料通常与调查主题的关联性更大。

二手资料指的是为了调查目的而采集的已有资料。相比而言，收集二手资料的费用通常要低得多，如博物馆文创侧重文物、典籍、历史等资料的梳理；旅游景区侧重对地域文化、景观特色、民俗文化等资料梳理。

（2）确定调查对象

根据文创产品市场调查对象的范围大小，市场营销调研可以分为普遍调查和抽样调查两大类。

普遍调查可以获得较为完整的数据，但需要的时间、人力和财力成本太高，通常只是为了某些特定的目的才采用，在企业的市场营销调研中极少使用。抽样调查是对调查对象总体中的若干个体进行调查，是民宿调研文创产品市场通常采用的方法。

抽样调查一般可分为非随机抽样调查和随机抽样调查。非随机抽样调查的样本是由调查者凭主观经验选定，容易受到调查者主观意识的影响，可能导致调查结果误差较大。

随机抽样调查根据随机原则，从调查总体中选取一部分调查对象作为调查样本，然后使用样本数据推算总体。因为随机原则抽样可以排除抽样时主观意识的干扰，保证每一个个体被抽取的可能性都是均等的，就可以根据抽样调查的结果来推算总体情况。因其特点和优越性，随机抽样被广泛运用在市场调研中。

3. 选择调查方法

（1）访谈法

访谈法，又称临床式无结构访问，即由训练有素、沟通技能较强的文创市场调查员直接与被调查者进行面对面地询问及讨论，以了解调查对象对某些问题的情感、动机、态度、观点等，其优点是灵活、细致。调查人员可以提出多个封闭式或开放式问题，便于在复杂时进行详细地讨论；同时，访谈法的沟通性较强，可减少语意表达的失误，确保被访对象能准确理解问题的含义。但缺点也很明显，访谈时间和经济成本高，受调查人员的素质影响较大，其质量很大程度上依赖于调查人员的沟通能力和访谈技巧，且统计汇总和数据处理较困难，需要专业分析人员进行归纳和判断。

（2）观察法

观察法是一种单向调查法，主要是由市场调查人员通过直接观察人们的行为进行实地记录，从而获得所需资料。直接观察根据具体操作方式，可分为单向观察、行动跟踪等形式，操作较为简便，但需要观察人员具有较强的洞察能力。

① 单向观察

单向观察是调查人员通过单向镜，了解特定场景下受众的言行和表情。其关键是必须始终使被调查对象处于不知觉的状态，以得到最真实的反应。

② 行动跟踪

调查人员在旅游景区和博物馆等地方，可通过游客的行动路线分析游客的兴趣点，重点关注游客停留时的接触点，进行针对性的文创设计。

（3）问卷法

问卷法是定量研究的常用方法之一，包含一系列开放式和封闭式的问题。优势是成本低、数量大，能够较快地得到反馈。在互联网时代，在线问卷也提供了许多便利，受到的限制会更少，但在线问卷无法确定数据的真实性和可靠性，存在不回答、乱回答的情况。问卷调查方法运用的技巧，关键在于问卷的设计、调查对象的选择和环境控制。

首先，问卷设计需要把握调查对象的心理特征，遵循一定的逻辑顺序，以防受访者感到不舒服；其次，了解调查对象对问卷语境的理解能力，调查对象选择能否准确理解问卷的含义；最后，为适应不同受众和环境，应设置好问卷的层级和逻辑，避免调查对象过于单一，得到的数据不够全面、完善。

4. 实施市场调查计划并形成报告

实施市场调查计划，包括数据资料的收集以及数据资料的加工处理和分析。

（1）数据资料的收集

文创团队要时刻注意经常调查，防止调查中出现偏差。比如，在用观察法调查时，要防止调查人员遗漏信息；在用访谈法调查时，要防止调查人员有意或无意地诱导调查对象做带有倾向性的回答，要协助解决可能发生的问题。

（2）数据资料的加工处理和分析

数据资料的处理包括对调查资料的分类、综合与整理，以保证信息的准确性与完整性。调查资料经过加工处理，就可以对其进行分析，以获得调查结论。依资料分析的性质不同，可以有定性分析与定量分析之分；依资料分析的方式不同，可以有经验分析与数学分析之分。随着科技的进步，越来越多的企业借助数学分析方法对调查资料进行定量分析，利用先进的统计学方法和决策数学模型，辅之以经验分析与判断，能够保证调查结果有比较高的可靠性和实用性。

最终，调查人员基于数据资料分析处理的结果得出调查结论，并以调查报告的形式总结、汇报调查结果。通过调查报告可以初步了解民宿文创市场发展现状，从而提出科学有效的设计策略和解决方案。

视频3-2：
衢州囿舍-
溪口民宿

二、产品定位

文创产品设计定位是进行文创造型设计的前提和基础，在整个文创产品开发设计议程中起着引领方向和目标的作用。在设计师创作之初，创意总是发散性的、不确定的。因此，设计的定位点也呈现出多种类、多样化的特点。设计过程是一个思维跳跃和流动的动态过程，是一个反复的、螺旋上升的过程。因此，设计目标设定的本身就是一个不断追求最佳点的过程，也是设定产品开发的战略方针。所谓最佳设计点，是在设计师与受众之间寻求的一种平衡，指既能满足受众需求，又能兼顾设计师的创意的结合点。追求设计目标的最佳点，应以多种条件和基本元素为基点，在这个基础上进行定性、定量的分析。

1.人群定位

在文创产品开发设计中，产品使用的目标人群是要首先确定的问题。这个产品为谁设计，性别、年龄、收入等问题必须清晰，找对目标消费群对于确定产品的使用功能来说至关重要。一切的销售行为都针对目标消费群，一旦目标消费群出现错位，会导致"事倍功半"的局面。

2. 价格定位

价格定位就是依据产品的价格特征，把产品价格确定在某一个区间，在顾客心中建立一种价格类别的形象。现在绝大部分消费者都比较理智，他们永远想要买到"物有所值"，甚至是"物超所值"的商品，而文创产品因其情感溢价所带来的附加值比较多，价格定位也显得尤其重要。因此，民宿文创产品的价格定位要做好充分的调研工作，全盘考虑，不能单纯地划分为低档、中档、高档。

3. 功能定位

所谓功能定位就是指在目标市场选择和市场定位的基础上，根据潜在的目标受众需求的特征，结合产品的特点，对拟设计的产品应具备的基本功能和辅助功能做出具体规定的过程。凭借文创产品所具备的独特功能，抢占受众大脑里的"功能"专区，明确地告诉受众该款产品能干什么，在生活中能起到什么作用或能如何改变人们的生活方式。

文创产品使用功能定位并不是一个笼统的概念，而是要满足消费市场一个比较具体化的需要，具备实用价值的文创产品往往更受青睐。比如，受众购买雨伞时对产品使用功能定位要根据人的需求情况而定，要在时尚、挡雨、遮阳、轻便、牢固以及是否具有防止刮伤等安全功能上进行斟酌。不同受众对上述使用功能消费有着不同的侧重点，从而形成不同的消费利益群体，要针对各种特殊的不同利益群体，最大限度地满足市场各类受众利益的需要，从而赢得最大的市场销售份额。

4. 质量定位

质量定位，也叫品质定位，是通过强调产品的良好品质而对产品进行定位，也就是通过受众对商品品质的认知来激发他们的需求与购买欲望，并在其心中确定了商品的位置。产品质量的定位，在产品定位中占有十分重要的地位，因为受众在选购商品时，质量问题总是一个首要的问题。质量不好的产品给受众带来的不仅仅是金钱的损失，更多的是精神上的烦恼。在产品的质量上有些追求产品精良、做工精细，适用于长期使用和收藏。而有些则主张用后即弃，一些不长期使用的产品，只需要在正常的使用过程中满足要求即可，没有必要在质量问题上过于纠结，一味地追求过高的质量，否则可能会造成人力、物力资源的浪费，但也应注重其可持续性等因素。

三、产品设计管理

1. 组建团队

文创设计项目的复杂性和艰巨性决定了文创设计项目必须由多职能的文创团队成员共同参与。许多事实证明,一个获得授权的多职能团队执行文创设计项目更容易获得成功。一般来说,一个项目团队核心成员的理想人数是5~7人,最多不超过8人,由一位出色的管理者来进行统筹管理,带领文创团队在组织上、机制上、工作上保持高效并高质量地完成文创设计。

为了完成文创设计这一核心目标,管理者(主要负责人)起着十分关键的作用。在对具体文创设计的管理中,其职责主要有以下几个方面。

(1)编制文创设计规划书。

(2)选择文创设计师和文创设计项目负责人。

(3)组织和协调文创设计活动,激励文创设计人员。

(4)负责文创设计组织与其他部门的协调工作。

(5)管理文创设计项目流程的全过程。

民宿在选择项目管理者时必须考虑其能力与一般经理要有所差异。作为一个完全胜任的文创设计经理,必须具备以下能力。

(1)深度理解文创主题的内涵。

(2)理解设计师,并能充分发挥他们的个人能力。

(3)保持有效的人际关系和有效的使用时间。

(4)具有创新战略格局,能正确地进行重要决策。

(5)指导文创设计规划书的编制并掌握适当评估业绩的方法。

(6)具有获得有关部门理解与协作的能力。

(7)理解和熟悉文创设计的基本程序和方法,掌握基本的文创设计评估技能。

(8)了解和熟悉文创设计语言,具有展开有效设计沟通的技能。

(9)具有把握和主持设计会议的能力,掌握恰当的说明与表达方法。

2. 前期检查

文创设计前期检查的目的主要是帮助企业进一步明确文创项目的市场目标,这是设计成败的关键因素;其次,对文创企业内部设计资源的评估,这是避免设计风险、确保设计获得成功的基本措施。

文创设计前期检查的主要内容有检查以往文创设计项目成功与失败的原因、检查设计技术的薄弱环节、检查文创项目管理的能力和水平。参与项目检查的负责人必须了解和懂得文创设计，熟悉文创设计的操作程序，有一定的文创管理经验，有强烈的责任心，能以较客观、公正的态度进行这项工作。

3. 编制文创设计规划书

项目开始前非常重要的工作就是编制文创设计规划书。一个确切而完整的设计规划书能使文创设计具有明确的方向和目标；能最大限度地降低文创项目风险；能帮助设计师提前熟悉设计内容，尽早进入角色；能积累设计与管理方面的经验。

从文创设计管理的角度看，一个较为完整的设计规划书应该包括设计目标、设计计划、设计要求三个方面的内容。因此，确立正确的设计目标、制订切合实际的设计计划和明确设计要求是编制设计规划书的基本要求。文创设计规划书的编制通常要经过市场研究、产品研究、技术研究、交流与评估等研究与活动步骤。

文创设计规划管理是设计管理者对具体的文创项目在执行过程中所做的全面管理工作。在文创设计项目管理准备完成之后，对设计规划的管理就成了设计管理者的中心工作。它对能否达到和完成设计规划书所规定的文创设计目标起着十分重要的作用。对文创设计规划的管理通常可以采取分阶段管理、新产品设计与开发流程管理、设计规划的品质管理、设计品质与成本管理、设计品质与日程管理等方式。

4. 设计评估

文创设计评估是在设计过程中，通过系统的设计检查、确保文创项目最终达到设计目标的有效方法。其主要功能是及时排除文创设计中存在的问题，确保文创设计质量最大限度地降低产品开发风险。英国的设计管理专家根据设计程序将设计评估分为需求评估、前期评估、中期评估和后期评估四个阶段。

其中，文创设计需求评估就是根据市场中的各种信息以及企业内外部各种环境因素，对受众的需求因素作进一步地分析评估以确保文创设计定位的准确性。文创设计前期评估是针对设计需求要素明确以后的多种设计方案，通过评估选择一个最为合适的或具有发展前景的方案。文创设计中期评估是在设计总体方案确定以后，在图纸形成以前进行的一次十分关键的评估。这一阶段的评估内容主要是对文创设计中的各个细节内容进行评估。文创设计后期评估是在工作样机制作和试生产结束后、在文创产品进行批量生产前还必须进行设计的评估。

第四节　民宿文创产品创新

【案例导入】

了解台湾地区民宿

台湾地区民宿经过多年发展和社会多方良性互动，已形成和当地的人文、自然景观和生态特色融合在一起的格局，成为乡村旅游文化的一部分。台湾地区民宿精致独特、主题丰富、形态各异、包含着民宿主人的巧思妙想，带着地域特色的文化气息，散落在静谧安然的青山绿野间，潮起潮落的海岸沙滩旁，向游客传递着当地人的浪漫情怀和脉脉温情。

民宿是台湾地区民众非常喜爱的一种乡村旅游产品，约九成为散客旅游，而这部分人是民宿的主要客源。

在台湾主要休闲农业区中，民宿与休闲农业已经形成了互促互动的良好发展势头，休闲农业发展较好的地区也往往是民宿发展较好的地区。

台湾地区民宿兴起于20世纪80年代，经过多年发展和社会多方良性互动，已形成和当地的人文、自然景观和生态特色融合在一起的格局，成为乡村旅游文化的一部分。

台湾地区民宿的主人，既有回乡创业的青年，也有退休在家的老人，更有为了实现自己的人生理想而"换个活法"的建筑师、设计师、艺术家、教师等。他们或是怀着梦想与热情，或是带着人生感悟，或是因为对土地和故乡文化的爱，回到故乡，打造自己的梦想田园，然后与住宿的客人分享这种生活。或许正是因为不忘初心，使台湾地区民宿充满了艺术和人文格调。

一、民宿特色：干净+精致+个性

台湾地区民宿大都非常干净、舒适，即使偏远山区的民宿，其寝具、洗漱用具、卫浴设备，也都很卫生。高品质的民宿"门脸"给客人留下了良好的第一印象。

台湾地区民宿从房屋外观到内部结构，从装修风格到物件摆设，都是主人按照自己的想法设计的，即使是在同一个地方，每户民宿也各具特色。

按照当地相关规定，民宿经营规模一般在5间客房以下，150平方米以内，就算是特批的少数民族地区、偏远地区和离岛等地的特色民宿，客房也不能超过15间。这决定了规模小的民宿，更要走精致和个性路线。

二、民宿发展思路：多样主题＋创意美学

台湾地区民宿注重多样化发展，很多民宿融合了当地的自然人文环境要素，再加上创意和美学元素，打造成了颇具特色、不同主题的民宿产品。

以地方特色来说，宜兰的民宿强调田园乡村主题，垦丁则以南洋异国休闲风情为主，花东民宿强调当地少数民族文化的奔放与山海相遇的激情，台北九份的民宿以矿山小镇怀旧为主题，澎湖民宿以离岛度假、水上娱乐为特色，苗栗县南庄乡的民宿则散发着浓郁的客家风情。

以主人的旨趣来说，有田园乡村主题、人文艺术主题、异国风情主题、台湾地区少数民族风情主题、家庭温馨主题、怀旧复古主题等。民宿，也便成了主人个性的最佳秀场和吸引志趣相投之人的聚集地。

为什么台湾的民宿能融入这么多的创新和创意？因为当地市场竞争非常激烈，能在市场的竞争当中保留乡村文化美学，这个是最重要的，也因为这样的方式，创新和创意加上策略，才可以开创新契机。

三、民宿经营理念：宾至如归

台湾地区民宿主打"家"的概念，具有鲜明的特色。复古风、小清新风、后现代风……无论哪种类型的民宿，都能给游客居家的感觉。入住台湾地区民宿，早上有老板娘亲手准备的精美早餐，如同在家中一样亲切。晚上可以在露台上吃水果、看星星。

台湾地区民宿经营者一般都亲自接待客人，与客人互动。在客人入住前一天，民宿主人提醒他们安排好出发时间，如果预定报到时间客人没到，他们会打电话询问情况，是否需要接车等服务。待客人办理完住宿手续后，他们会和客人聊家常，介绍自己家的布局设计，当地的山水风光和风土人情，并解答客人关于行程和路线安排的疑问等。

民宿主人招待客人的方式也像是亲戚朋友串门一般，他们可能不会像酒店那样给你标准式的微笑或程序化的服务，但家里的摆设用具，可以随意用，让客人和自己同桌共进早餐，提醒客人最好晚上11点前回家……诸如此类的点滴细节，无不让客人感觉家的温暖和温馨。可以说，民宿的主人是民宿最重要的灵魂所在。

有一些民宿主人还会兼职向导，带客人逛家乡、尝美食，与旅游团队不同，他们会选择小街巷弄或相对小众但有特色的山水线路。

【案例分析】

民宿富有创意，主人热情好客，通过民宿，游客不仅能观赏到当地绝美的风景，还能感受到原汁原味的当地生活风情，深刻体会当地的文化特色。因此，在游台湾，住民宿，成为流行的生活时尚。

（资料来源：搜狐网《台湾民宿：生活美学与文化创意完美融合》）

【思考】

请问台湾地区民宿评鉴指标有哪些？

一、创新要求

1. 保障安全性

安全性是操作的基础，文创产品设计的安全性是其经济性、可靠性、操作性和先进性的综合反映，是文创产品实现其经济目标的前提条件。如果文创产品存在安全隐患，会直接危及产品的使用者，这不符合设计原则。

图 3-21　民宿要为人们提供安全、舒适的使用环境

（图片来源：杭州临安棋盘山居民宿）

2. 兼顾通用性

文创产品设计应当符合人类不同实际活动的需要，为人们提供舒适方便的使用环境，保证实现使用目的。文创产品设计应最大限度地满足不同层面使用者的共同要求，产品应该尽最大可能面向所有的使用者，而不该为一些特殊的情况作出较为勉强的设计。

二、创新方式

1. 全新产品

全新产品，即原创型文创设计产品。全新产品的开发主要是针对文创产品设计概念的开发和技术研发。这种文创设计与开发周期较长，承担的风险也较大，但新产品研发的成功也意味着开辟出一个全新的市场领域以及伴随而来的巨大经济效益。科技进步是促使新产品出现、旧产品退出历史舞台的最终决定因素。

2. 改良产品

改良产品，也叫次生型文创创新产品，是一种纵向发展模式，目的是使产品克服既存问题，趋于性能完整和完善。这种改良文创设计是建立在原有产品被受众认可的优良功能基础之上的，主要目的是解决用户反馈的问题。

3. 产品联盟和合并

产品的联盟和合并是一种横向联合的过程，是通过文创产品设计和制造系统的整合达到创建新产品的目的。经济的全球化必然带来企业生产和制造机制的改变，效益、效率、市场份额在遍布全球的各分散点的合力"组装"过程中孕育而生。

三、创新方法

1. 改变设计模式，进行多方位变革

新媒体是相对于传统媒体来说，是新科技背景下出现的一种媒体形态，其特点是传播快捷、互动性强、多元化、新颖、平等。相对于传统的产品设计模式，O2O产品设计模式有以下几个优点。

（1）数据共享

产品设计师可以利用技术挖掘和分析数据，从互联网中获得该产品的市场分析信息和市场预测信息，从而掌握目前市场的最新风向以及对该产品的真实需求。

（2）反应迅速

通过互联网，产品的设计可以针对营销、推广等部门给出的各项产品反馈信息，根据市场的动态和用户的真实需求对产品的外观、功能等进行实时调整。

（3）营销推广精准

O2O 模式可以理解为通过互联网完成订单付款，再通过物流公司完成实物交易的模式。可通过线上运营平台引入更多流量，以更好地实现精准营销和推广产品。

2. 提炼产品故事，塑造情感价值

情感体验是用户在与产品进行进一步接触和使用后所产生的丰富体验，它体现为人们在使用中情感需求上的满足。随着技术实力的不断进步，用户体验受到了越来越多研发人员的关注。本质上，用户体验包含的不仅仅是产品的设计，还有围绕该产品的整个服务链。在现代设计过程中，用户不是简单地被动接受产品，而是需要更深入地参与到产品的设计过程中。例如，在亲自参与到民宿手工产品的制作时，受众在体验过程中释放自己的压力、输出自己的情感，并且得到自我满足。因此，在品牌专属的故事中建立与受众的联系，塑造情感价值是民宿文创产品的创新方式之一。

3. 打破隐形壁垒，注入新的基因

高度发展的信息化时代为工业的发展提供了多种技术支持，而文创产品则需要打破产业之间的隐形壁垒，有选择地注入新的基因。"互联网+"使世界连成了一个整体，连接了不同的品牌、不同的领域、不同的群体，乃至不同的空间，模糊了许多原本清晰的界限，也使设计充满了无限可能。传统文化也可以通过"互联网+"的方法在现代社会激发出新的活力。人类的过去更多以艺术和文化为载体，而人类的未来则更多依靠科技和设计。设计时要突破自身的瓶颈，打破思维局限，通过运用多种设计思维以及新兴技术，在传统设计的基础上结合科技，使现代化产品能够富有传统文化底蕴。

4. 面向实用需求，突破艺术形式

突破其原有的艺术形式是创新突破的方式之一。不论是手工业时代还是信息化时代，人类造物活动的总体目标是朝着更高的生活品质前进，建造更适合于人类居住的第二自然。经济的发展为文化市场打造了一个广泛和良好的受众基础，同时也使得大众对文创产品有了更高的要求，千篇一律的文创产品形式已经不能再博取大众的眼球。设计师需要结合大众的实用需求和"互联网+"时代的发展特点，找到合适的载体和恰当的方式，使文化和艺术产品摆脱传统、呆板的模式，通过创新设计走进日常生活，使文化和艺术在新时代得到升华。

思考与练习

一、简答题

1. 文创产品具有哪些特点？
2. 在开发民宿文创产品时要注意哪些方面？
3. 根据所学知识，结合当地某家民宿自身的特点和条件，试着为其创新开发出一款独具特色的文创产品。

二、实训题

在学习和了解民宿文创产品的基础之上，由学生设计一个民宿伴手礼。

实训项目	设计一款民宿伴手礼
实训地点	民宿体验中心
实训目的与要求	结合民宿文创产品的特征，挖掘产品背后的文化故事，融合自身创意，反映具有不同地域特征、文化符号、体现国内文旅资源特色和人文魅力的民宿伴手礼包装设计
实训设备及材料准备	笔记本、电脑、相关装饰材料等
模拟情境描述	组织学生在校内实训基地查阅民宿文创产品概念、特征、分类、设计原则与方法、设计流程的相关资料，对民宿文创产品进行学习讨论。同时，所设计的民宿伴手礼不仅要独具匠心，还要与民宿自身的文化主题相协调
模拟训练要求	1. 学生分为若干个小组，一般四五个人一组，通过查阅资料、学习讨论等方法，了解如何才能更好地设计一个民宿伴手礼 2. 学生按照不同角色进行分工，团队合作，巧妙构思一个民宿伴手礼的主题 3. 运用文创产品的设计原则及方法，提交一个民宿伴手礼
任务考核	任课教师对学生的伴手礼进行打分，打分时要考虑伴手礼设计的主题性及创新性

第四章
民宿娱乐产品

| 本章导读 |

  本章主要介绍民宿娱乐产品的相关内容，解释了民宿游览产品的设计方法，阐述了民宿游览产品设计的原则。在此基础上，明确了民宿娱乐产品的设计流程。此外，本章介绍了不同类型的民宿娱乐产品内容。通过本章的学习，学生可更深入地了解民宿娱乐产品相关知识，为设计优质的民宿娱乐产品奠定基础。

学习目标

1. 掌握民宿娱乐产品设计方法。
2. 掌握民宿娱乐产品设计原则。
3. 熟悉民宿娱乐产品内容。
4. 掌握民宿娱乐产品设计流程。
5. 了解民宿娱乐产品特征及设计趋势。

思维导图

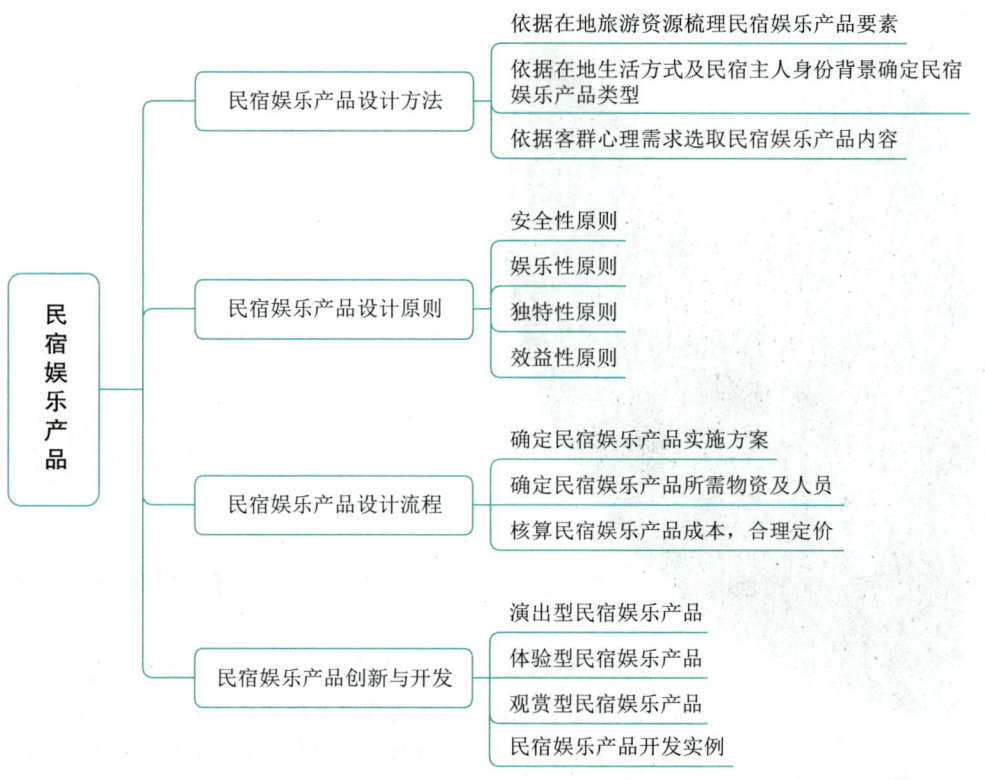

第一节　民宿娱乐产品设计方法

【案例导入】

莳花弄草的"仙女茶花会"

"仙女茶花会"在伊宁梵境民宿幽静的小院里悄然开启。小院里岁月静好，花案间柔荑翻飞。在老师的悉心讲解下，多位女性客人凝神屏息，用心对话自然。以各自巧思，完成彼此匠心独运的专属艺术。在这场以"野趣"为名的插花仪式中，老师引导大家摒弃花里胡哨的现代工业制品，用更自然、家常的蔬果、花卉完成别具灵性的原生态创作。

莳花弄草，修篱烹茶。当你暂且搁置令人焦虑的现代设备，便能随时造访属于自己的牧歌田园。此刻民宿不再只承担居住功用，还积极探索与多元业态交织发展的可能。于是这里不但成了女性客人热衷打卡的"网红"居住空间，更是独立女性会客访友的思想交流空间。通过各种活动体验，对内我们期待成为朋友间聚会放松的艺术客厅，对外更是致力打造丝路文化的城市名片。

（资料来源：微信公众号"新疆旅游协会"）

图 4-1　插花

【案例分析】

该娱乐活动针对民宿的女性消费群体，制订符合其消费需求的特色活动，有助于民宿的可持续和高质量发展，与文旅产业有效整合，增强民宿活力。

【思考】

民宿应如何运用个性化客群的优势来开展特色活动？

一、依据在地旅游资源梳理民宿娱乐产品要素

民宿娱乐产品主要是助客人追求快乐，缓解压力，为其带来精神上的愉悦感。因此，相对于其他产品，客人在选择民宿娱乐产品时，会更多关注文化精神内核。深入挖掘当地文化、打造具有鲜明独特主题的民宿娱乐产品是吸引客人的关键要素。民宿主人可根据在地旅游资源特色和分布，梳理民宿娱乐产品要素。自然资源类或人文景观类旅游资源均可纳入考量范围。对客源地具有代表性的民宿娱乐要素进行梳理，归纳和概括旅游市场上在售的民宿娱乐产品，如畅销的、广受好评的、有待挖掘的等相关娱乐要素，再根据游客满意度、销量排行及消费倾向等指标进行分析，选取适合本民宿发展的娱乐产品要素。

二、依据在地生活方式及民宿主人身份背景确定民宿娱乐产品类型

具有鲜明特色主题的娱乐产品具有较强的文化张力。主要原因在于，一方面可以代表在地特色生活方式、风俗习惯、风土人情等，另一方面，也是民宿主人自身文化背景的一种表达。因此，客人购买民宿产品的消费行为代表着对于民宿所展示出来的"生活方式"及"文化氛围"的认可。可根据梳理后的在地娱乐产品要素，选取适合本民宿发展的几个要素，结合较为有特色的在地生活方式和民宿主人的文化背景，确定可以代表民宿的娱乐产品类型。如分布在青藏高原东部边缘地区的桑科草原上的民宿，可以选取具有游牧民族日常生活特色的体验类娱乐产品类型，如体验放牧生活等；如分布在大都市近郊的民宿，可选择音乐节等文艺表演型娱乐产品类型。

三、依据客群心理需求选取民宿娱乐产品内容

民宿客户群是民宿娱乐产品的主要受众群体,在确定娱乐产品类型后,进行娱乐产品内容的选择时需要以客户群心理需求为主要考量指标,着重分析客群年龄层次、受教育水平层次、生活习惯等要素。如果客户群以老年群体为主,则可以选择较为养生型的娱乐产品内容,避开刺激性内容;如果客户群以年轻型为主且受教育水平较高,可以选择惊险刺激型或者与年轻人朝九晚五的生活状态区别较大的体验型娱乐产品内容,让客人可以暂时逃离日常生活状态,体验到不一样的生活方式和状态。

第二节　民宿娱乐产品设计原则

【案例导入】

诺尔丹营地活动体验

为了让您更好地安排和享受在营地的时光,我们为您提供以下活动体验。无论您是想沉浸在游牧生活中探索西藏文化遗产的深处,还是仅仅想要放松一下心情,我们都可以根据您的需要进行安排。

1. 帐篷晚宴

像游牧民族一样,体验在传统的黑帐篷里与家人、朋友享用晚餐。下午您可以在山坡上看到牧民放牧归来,远足登高,欣赏四周的壮美景致。如果碰上牧民工作的时候,您也有机会参观或帮忙与牧民一同为母牦牛挤奶、制作酥油和奶酪。

伴随着日落,您将开始在帐篷内享用一顿典型的游牧晚餐,包括藏式馍馍、手擀面、当地肉食、香肠、烤肉和当季蔬菜等藏族特色菜肴。晚餐以混合料理风格精心烹调,配上自制蛋糕和牦牛酸奶作为甜点。您将在这个活动中体验到牧民的生活方式,我们的向导将与您分享他们所热爱的音乐和故事。晚餐后我们将备车送您回到营地。

2. 隆达合作社的牧民拜访活动

穿过周边的牧草地，您将来到一片传统的草原，这里便是牧民居住的隆达合作社。您可在这里体验骑牦牛、骑马之乐，感受牧民生活，并与这里的牧民一同享用传统藏式早餐，藏餐以牦牛肉、羊肉、酥油、新鲜酸奶、本地面包和糌粑为主。您还可以尝试自制糌粑。

3. 骑马

在桑科草原骑上一匹藏地骏马，欣赏周围山峦和植被的壮丽景色。在这次体验中，您将在当地牧民的指导下，学习骑马的技能。无论您是一个新手或经验丰富的骑手，都能享受到一次愉快的马背旅程，领略草原风光。

4. 藏式热浴

灵感来自于藏医传统的热浴疗法，我们的藏式热浴体验能帮助您消除身体的疲惫，让您在周围的草原中恢复活力，在您的身边有溪流涓涓，小鸟啁啾。

热浴由我们当地的专家准备，他们将根据您对药疗和放松偏好定制不同的草药、香料和制法。让自己沐浴在宁静中，看晴空万里，草原悠长。

5. 游牧野餐

乘吉普车从营地出发，经过一段短途旅行，您将深入桑科草原，夏季牧民便扎营在这里。您将在辽阔的牧草地中挑选一处风景优美的地方，在绵延起伏的山峦间，在美丽的野花植被的环绕下，享用我们精心准备的午餐。再喝一杯热茶，看看周围的小动物，享受难得的午后宁静的时光。

6. 诺乐工坊参观

诺乐是中国开创性的社会企业，也是全球少数既拥有成熟的产品风格，又保持文化和环境可持续性的奢侈品牌。诺乐研发了牦牛绒纺织的创新技术，并让当地牧民参与整个生产过程，享誉国际。在此活动中，客人可前往参观编织、缝纫、制毡、产品研发等部门和产品展示厅。

（资料来源：微信公众号"诺尔丹Norden"）

【案例分析】

诺尔丹营地旨在通过独特的住宿产品和娱乐活动产品展现高原文化，让客人沉浸在特色活动中以感受游牧生活。远离城市喧嚣，体验不同的生活方式和生活状态。

【思考】
1. 如何策划具有当地文化特色的体验活动？
2. 本案例中一系列活动的共同特点是什么？

图 4-2 诺尔丹营地

一、安全性原则

对于民宿娱乐产品来说，安全性是保证娱乐产品发挥其特性的前提条件。

首先，保证选址的安全性。活动场地是承载娱乐产品的重要载体，而客人在前往娱乐场地的交通安全及进行娱乐活动中的安全都与选址有很大关系。因此，建议选择较为开阔且交通便利的场所作为娱乐产品的活动场地。例如，在沙漠营地设置篝火晚宴，不应选择距离城市较远的沙漠腹地，沙漠晚上温差较大且照明条件有限，会给客人带来较大风险。

其次，保证硬件设备的安全性。客人在进行娱乐活动时所使用的设施设备的安全性要得到保证，所在场地的防火防盗设施要齐全，安排专业工作人员维持秩序，为客人更好地体验娱乐产品的趣味性提供安全保障。

最后，保证客人的人身安全性。不同性质的娱乐活动会对人带来不同的感官刺激，在进行娱乐活动时，不同的客人也会有不同的感受，要科学全面地分析娱乐活动的风险等级及适宜人群，在客人开展活动前给予正确指导。

例如，在体验骑马时，应告知客人在骑行过程中的注意点，以防摔伤。

二、娱乐性原则

视频4-1：焦作云上院子民宿

客人选择消费娱乐产品的主要目的就是追求快乐、缓解压力，在活动中放松精神，获得身心上的愉悦。因此，娱乐性是娱乐产品设计的主要原则。

1. 精神上的愉悦

娱乐产品可以使客人摆脱浮躁压抑的生活状态，通过娱乐获得精神上的愉悦感。在设计娱乐产品时应秉持让客人精神上放松的原则，尽量避免营造紧张压抑的氛围，让客人在娱乐产品中无法放松。例如，潇洒肆意的小型音乐节、在特定季节观看日出或云海等限时景观，都可以让客人从日常工作状态中抽离出来，获得精神上的愉悦感。

图4-3 好的民宿环境有助于人身心放松

（图片来源：云南元阳十二庄园香典民宿）

2. 身体上的放松

设计娱乐产品时应本着让客人得到放松的原则，逃离枯燥乏味的生活状态。客人通过娱乐产品让身体得以放松。例如，民宿主人可根据在地文化的独特性和客户群情况策划符合客户群心理的展览，尽量分布在民宿周边，与大自然融为一体；或者策划冥想活动或瑜伽学习等都可以让客人在慢节奏的状态下得到身体上的放松。

三、独特性原则

与大众化的娱乐产品相比，民宿娱乐产品更注重其地方特色及民宿特色的展示。具有特色鲜明主题的娱乐产品对客人更具有吸引力。

1. 文化的独特性

民宿娱乐产品在一定程度上要体现出来文化的独特性，这是区别于其他大众化娱乐产品的关键所在。赋予娱乐产品以当地特色文化，如可以展示当地风土人情、风俗习惯及特色产物的相关内容，使之具有与众不同的特色风情。带给客人前所未有的体验，让客人感受在地文化的独特性，使民宿娱乐产品区别于大众化的娱乐产品。

2. 形式的独特性

民宿娱乐产品在形式上可以创新以区别于该旅游地常规的旅游娱乐。根据客人的旅游偏好，深入挖掘在地文化，结合当地旅游资源，对娱乐产品的形式进行创新。例如，某民宿为客人开设的瑜伽课堂，以往都会选择在民宿中举行，客人对这种形式较为司空见惯，根据娱乐活动形式常变常新的原则，可选择在室外大自然中以山水为背景让客人体验瑜伽课堂，一改以往单一的形式，使客人耳目一新，与大自然真正融为一体。

四、效益性原则

在设计娱乐产品时应同时兼顾经济效益、社会效益和生态效益三方面。

首先，保证经济效益。民宿开发娱乐产品主要目的是保证民宿的可持续发展。在对娱乐产品进行设计和定价时，应考虑到在此过程中民宿所耗费的人力和物资成本，以保证民宿可以获得一定的经济效益。其次，保证社会效益。民宿作为旅游业发展到一定程度的产物，在发展过程中应承担一定的社会责任，在经营过程中要传播和宣扬正确的价值观，为旅游业的良性健康发展做出自己的贡献。最后，保证生态效益。杜绝出现浪费情况，尽量避免使用一次性物品，在设计娱乐产品时倡导绿色发展和循环发展理念，切实保证生态效益的实现。

第三节　民宿娱乐产品设计流程

【案例导入】

徒步，从莫干山的秋色里出发

莫干山的初秋，浅淡的木香嵌入山中的每一缕清风。秋高气爽，着小衫外出，进山中寻觅秋日。群山连绵，秋色如画，正是徒步好时节。所以，择一个晴好的周末，出发吧！去感受竹海、百年别墅与秋色。

图 4-4　莫干山群山秋景

#01

劳岭紫岭古道路线｜耗时 1~2 小时

途径：劳岭水库—岭坑里—紫岭村—外仙人坑

从塔莎杜朵出发不远，从劳岭水库，到外仙人坑，经途茶田，又穿越竹海。

天气转寒，冬茶新梢初露头角，醇厚茶香扑面而至，香气甚浓。

竹林则依然葱郁，婷婷而舞，漫山遍野，带来视觉享受。

#02

蒋公道路线｜耗时 1~2 小时

途径：庾村—石壁—节孝坊—炮台山—营盘—百步岭—荫山街

蒋公道则又是别番韵味，拾庾村的法国梧桐叶，跨越民国风情街，领略南洋艺术，闲适悠哉。去探寻掩于红杉树影的百年别墅，人少景美，可录下一段难忘的记忆。

#03

杨树林环线四级步道｜耗时 1 小时

途径：莫干山体育休闲公园—下庄岭—阴山顶—长路上—莫干山体育休闲公园

杨树林环线五级步道则从莫干山体育休闲公园绕行一周，砂石小路夹杂几处石板台阶，感受国家级登山健身之路。

与家人于帐篷营地小憩，在阴山顶游览风景，或加入沿途所见的游乐项目，阖家欢乐。

#04

大洋里环线三级步道｜耗时 2~4 小时

途径：后坞文化礼堂—后天泉寺夫妻树—后坞电站—天泉山毛竹精品园—大洋里—坑路里

近十里的大洋里环线三级步道呈现了多元选择，从古道至石板路，从林区道路至人文景观，饱览风景。赏一树金黄漫天纷飞的夫妻银杏，缠红绸以证真情，于千年古刹天泉寺庙祈愿顺遂安康。

#05

瑶坞环线三级步道｜耗时 2~4 小时

途径：莫干山体育休闲公园—后坞文化礼堂—主形象—葡萄采摘园—大瑶村—下庄岭—莫干山体育休闲公园

瑶坞环线三级步道顺畅平坦，宜骑行，宜团建。沿途更有一树树的红枫，仿若走进秋天的童话。沿途也不妨去果园摘取时令果蔬，便又是一件秋日

趣事。

#06

劳岭紫岭古道路线｜耗时 1~2 小时

途径：劳岭水库—岭坑里—紫岭村—外仙人坑

不似前者，天泉山五步级步道北有缓坡，更适合喜爱徒步穿越之人。长达二十二公里的步道，沿途风景多变，亦是更具挑战。

徒步之后回到塔莎，来自山间的凉意都在这里被驱散了去。驻足于塔莎温暖秋日里感受咖啡、炉火与诗。

塔莎的秋日是缓慢的，充满诗意的。一扇窗，一本书，一杯咖啡，一荧熊熊炉火，懒卧在沙发上，能在塔莎赏景发呆一天。

或到院中漫步赏秋景，袭人的桂花香气，周围新开的花朵，远方如山水画卷般的云雾。

不由得有几许今夕何夕之感。等晚上倦了，回到房间，倒头就睡，待第二天醒来，神定气闲，宛若新生。然后再一次充满信心地奔赴下一段旅程。

（资料来源：微信公众号"莫干山塔莎杜朵精品民宿"）

【案例分析】

本次徒步活动是莫干山塔莎杜朵精品民宿根据莫干山秋日特色，设计出的具有季节限定性的娱乐活动，其中自然与人文相结合，使得常年生活工作在城市喧嚣中的人们通过本次活动，获得一次身体和心灵的放松。

【思考】

民宿设计团队在打造民宿娱乐产品时，如何能体现娱乐产品的独特性？

一、确定民宿娱乐产品实施方案

根据民宿娱乐产品设计方法，确定娱乐产品类型及具体内容后，确定娱乐产品实施方案。例如，设计让客人体验当地特色丝织品制作的体验类娱乐产品时，民宿主人可根据流程进行可行性研究，进而确定产品实施方案的内容。包括娱乐产品的场地确定；开始及结束时间，所需时间跨度；应急方案（恶劣天气、人员不足等）；对客人温馨提示；环境保护、消防安全等相关法律法规。工作人员进行可行性研究后，再次对娱乐产品实施方案进行总结改进。

二、确定民宿娱乐产品所需物资及人员

1. 专业的工作人员

专业的工作人员是保障客人正常消费娱乐产品的重要因素。民宿主人可根据娱乐产品性质和想达到的娱乐效果确定相关专业人员。例如，音乐或舞蹈表演类等演出型娱乐产品，可根据产品时长和想表达的意境确定工作人员，去选择专业的音乐、舞蹈演员或者选择在当地生活的民众进行表演；如开设摄影技巧小课堂等体验类娱乐产品时，可考虑选择外聘专业摄影师或培养民宿内的员工成为专业摄影师，带领客人进行活动的开展。

2. 完善的配套物资

规划建设完善的娱乐产品基础设施，准备充足的配套物资，可为客人营造轻松的娱乐氛围。例如，策划在大自然中的冥想活动等体验类娱乐产品时，民宿主人可为客人提供坐垫、先进的音响设备、适宜的音乐、茶点等物资，为客人带来便利的同时，让客人可更好地享受到娱乐产品带来的身心愉悦。此外，为保障客人安全，完善的消防设备也是必不可少的。

三、核算民宿娱乐产品成本，合理定价

根据效益性原则，民宿主人计算娱乐产品在消费过程中所耗费的人力成本、物资成本、时间成本等，结合市场定价，考虑主要客群消费层次及消费结构，对民宿娱乐产品进行科学、准确、合理的定价。

第四节　民宿娱乐产品创新与开发

【案例导入】

高原瑜伽——灵性之旅

在这里，游牧传统与当代文化共舞，古老的历史演变成美好的未来，原始荒野唤醒了人们对和平的渴望。在我们为您打造的"灵性之旅"中您可以

沉静下来，放松、自省、清空思维。

民宿位于桑科草原的冬季牧场，临近著名的拉卜楞寺。在僧侣和当地游牧民族中，桑科草原是一个充满强大疗愈能量的吉祥地区。多年来，我们寻找了几处安静的空间，让那些通过瑜伽和冥想来跟随自己精神旅程的人得以享受这个独特的世界。在我们的营地里，有三个空间可以使用，作为瑜伽静修场所。

1. The Space 别处

70平方米，可容纳20人进行瑜伽静修。这是一个由牦牛绒手工制成的大帐篷，在诺尔丹营地中心位置，俯瞰着夏河，是瑜伽静修的最佳场所。一年四季的景色都不相同。

2. Lungta 隆达牧场

40平方米，可容纳15人进行瑜伽静修。隆达牧场距营地有20分钟车程，可从山顶俯瞰着桑科草原。室内提供安静、自然的静修氛围，大厅外还有一个舒适的露台。

3. 户外草原

可容纳20人进行瑜伽静修。营地周围的草原风景优美，可尽览周围的山脉和高原，是进行户外瑜伽的绝佳之地。瑜伽静修活动可以在营地中，在周围的群山山谷间，或者在隆达牧场附近的草原上进行。

（资料来源：微信公众号"诺尔丹Norden"）

图4-5　草原户外瑜伽

【案例分析】

瑜伽活动可以帮助客人获得身体和精神上的放松。高原瑜伽活动具有活动场地上的特殊性，其所在地桑科草原具有空灵广阔的特征，可为客人带来前所未有的体验。

【思考】

如何策划符合客人需求的娱乐活动？

一、演出型民宿娱乐产品

演出型民宿娱乐产品是指选取具有地方特色文化的人文旅游资源或选取具有典型地方特色的地形、地貌、气候等自然资源中的某些元素，打造出能展现地方文化的音乐、舞蹈、话剧、戏剧等表演活动，分为室外实景演出或室内剧场演出。将本土文化与演艺手段相结合，向客人全面展示独特的娱乐产品。例如，以实景山水景观为背景的山水音乐节、以当地经典故事为主题改编的话剧或戏剧表演、以突出当地风土人情的舞蹈表演等均可以让客人获得精神上的享受，也可以体现出娱乐产品的文化内涵，增强吸引力。

民宿主人可根据本民宿的主要受众群体的需求，结合所在地人文及自然资源打造具有吸引力的演出型娱乐产品。

视频4-2：桐乡原舍－河洲民宿

二、体验型民宿娱乐产品

体验型民宿娱乐产品是以体验为主的娱乐活动，让客人在体验中感受到愉悦和放松，更加关注客人个性化、体验化的心理诉求。例如，根据地方特定季节的限定采摘（蔬果）活动，山水实景绘画比赛，日出日落摄影比赛，在大自然中举行的瑜伽、太极、冥想活动，森林野营，浅海浮潜等娱乐活动。为客人带来感官上的刺激，体验不同地域的风土人情，深层次地感受娱乐产品的魅力，满足客人求新求异的需求。

三、观赏型民宿娱乐产品

观赏型民宿娱乐产品是以自然旅游资源为主，进行主题延伸设计，可供客人观看、欣赏的产品。例如，梅里雪山的日照金顶，一年中多是在非雨季的日出时才能看到；如西藏林芝每年三月到四月中旬漫山遍野盛开的桃花，与远处的雪山、近处的小溪浑然一体，仙境一般的景色。民宿主人可以以当地独特的自然旅游资源为主，进行主题设计，推出限时限定的娱乐产品，以吸引客人。

四、民宿娱乐产品开发实例

景德镇民宿活动之作坊体验

景德镇位于江西省东北部，是赫赫有名的"瓷都"。对于来到景德镇的客人而言，他们的出行目的更多的是对瓷器的"一探究竟"，而为了满足客人的旅游诉求，让他们更全面深入地了解瓷都文化，民宿主精心打造一系列手工娱乐活动，让客人亲身体验，感受不一样的传统手工艺，深入了解需要我们传承和保护的中华文化的瑰宝。

1. 制瓷坊

景德镇制瓷业始于唐代，兴于宋元，盛于明清。在制瓷过程中高岭土的广泛应用，极大改善了瓷器性能，也使得景德镇瓷业迅速发展。制瓷的每一个环节环环相扣，需要工匠们专心致志，一丝不苟，所谓"共计一杯工力，

图 4-6 景德镇古瓷窑

过手七十二，方克成器"。在这里，和工匠们一起感受传统手工制瓷技艺的魅力，制作一个属于自己的独一无二的瓷器，留下一份独有的景德镇回忆。

2. 彩绘坊

"素胚勾勒出青花笔锋浓转淡，瓶身描绘的牡丹一如你初妆"，歌曲《青花瓷》歌词中呈现出一幅唯美的彩绘图。在彩绘坊里，你可以先参观景德镇瓷器彩绘厂、瓷器烧制窑房、瓷器展厅等，在此过程中可深入了解中国传统瓷器文化知识及瓷器制作工艺；之后，根据自己的喜好，在彩绘坊里选择中意的瓷器白胎款式，按照传统瓷器彩绘的制作工艺，亲手绘制彩绘瓷器。

3. 制茶坊

采摘、萎凋、晒青、杀青、揉捻、渥堆、发酵、干燥、紧压……不同类型的茶叶经过不同的繁琐的工序，才能抵达到茶杯中。在制茶坊，学习了解几种不同类型的茶叶的发展史及制作过程。在浓厚的学习氛围中品茶闻香，欣赏精美的瓷器茶具，感受小镇魅力。

4. 瓷胎竹编坊

瓷胎竹编是指用制作精细的竹丝，缠绕编贴于瓷器之上，用以装饰或保护瓷器，造型精美，实用性强。但由于制作工艺复杂，传承人逐年减少。民宿主打造瓷胎竹编坊的初衷，一方面是为了让客人体验瓷胎竹编的制作过程，学会装饰和保护瓷器的技术；另一方面是想让更多人了解瓷胎竹编的相关知识，提升瓷胎竹编的知名度，为保护和传承该项目奠定群众基础。

思考与练习

一、简答题

1. 请阐述民宿娱乐产品的特征及设计趋势。
2. 请思考民宿娱乐产品的发展趋势。
3. 请列举设计民宿娱乐产品的影响因素。

二、实训题

与民宿合作，教师带领学生就民宿的娱乐活动产品满意度开展调查，完成服务质量诊断报告，提出改进方案。

实训项目	为民宿出具娱乐活动产品满意度及整改方案
实训地点	＊＊民宿
实训目的与要求	运用民宿娱乐活动产品设计的理念和原则，通过调查，对民宿娱乐活动产品进行诊断，并给出整改意见
实训设备及材料准备	问卷、笔、录音笔、笔记本、电脑等
模拟情境描述	组织学生赴当地＊＊民宿或学校校外实训基地，对其线上、线下民宿娱乐活动产品的满意度情况进行调查。与民宿主人、管家、客人交流，调查民宿娱乐活动产品的运营情况。检查娱乐活动组织与管理过程中存在的问题，分析原因，提出相应的整改方案
模拟训练要求	1.学生分组，五人一个小组，通过访谈、查看民宿经营报表、搜集网络顾客评价等方法，了解线上、线下民宿宾客对于民宿娱乐活动产品的满意度状况 2.学生分工明确，按照分工团结协作，运用沟通技巧，全面合理地开展调研工作 3.按照民宿娱乐活动设计的理念和原则方法，提交诊断报告及整改方案
任务考核	任课教师、民宿管家、民宿主人对学生的调研报告共同打分，对小组提交的诊断报告及整改方案的专业性、创新性、可操作性进行评价打分

第五章
民宿主题产品

本章导读

　　本章主要阐述了民宿主题产品的类型及其内涵、特征与分类，明确了不同类型产品开发设计的原则和方式，并结合"民宿+"主题产品创新开发的典型案例，重点介绍了不同类型产品的开发形式或实施流程，以开阔学生视野，拓展学生思维，让学生熟悉民宿主题产品及创新开发的基本理论，初步掌握民宿主题产品创新开发技能。

学习目标

1. 熟悉研学旅行内涵、产品类型与特征。
2. 掌握研学旅行课程设计的原则、步骤及课程实施流程。
3. 熟悉旅拍产品内涵、特征及开发原则，掌握旅拍产品设计流程。
4. 熟悉非遗定义、内涵与特征，掌握非遗产品设计原则和开发形式。
5. 熟悉人文雅集定义与特征，掌握人文雅集设计流程。

思维导图

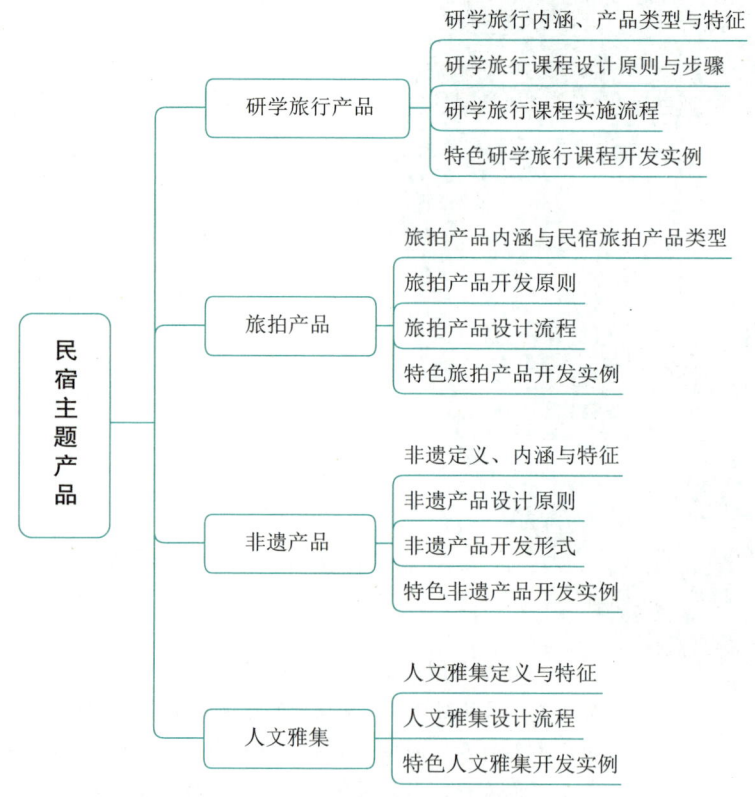

第一节　研学旅行产品

【案例导入】

研学+民宿，让老茧站焕发新生机

2021年7月23日，小猪民宿发布了《2021亲子民宿大数据报告》，报告显示，带有研学旅行功能的民宿产品同比2020年增长超450%，搜索量同比增长超3倍，承接着寓教于乐功能的"民宿+研学"产品进入发展快车道。

图5-1　蚕茧

浙江省淳安县姜家镇双溪村的老龙泉茧站，原本因丝茧产业的没落一直闲置着。2018年，姜家镇人民政府引进某品牌策划公司，与双溪村村委会合作，对龙泉茧站进行改造利用。为了盘活龙泉茧站的闲置资产，该品牌策划公司对龙泉茧站一栋老旧的房屋进行文创化的改造，打造以蚕桑为主题的精品民宿"云里雾里·双溪茧舍"。同时，为适应研学市场发展趋势，建造了蚕桑研学基地——"蚕堡王国"，根据青少年学生的特点和需求科学设计了一系列蚕桑专业的研学课程，青少年学生可以在蚕堡王国里体验"时光胶囊、千丝茧室、百变作坊、蚕堡粮仓"等特色研学活动。"云里雾里·双溪茧舍"是淳安县首个研学主题民宿，也是淳安县首个蚕桑研学基地。"民宿＋研学"模式，为双溪村提供了稳定的游客量，改变了旅游淡季游客少的现状。

（资料来自：光明网 2019-12-02《研学＋民宿，让老茧站焕发新生机》）

【案例分析】

"民宿＋研学"产品的开发，应注重研学资源调查、需求挖掘、场地准备、线索串联、课程设计、安全控制等要点，要从生活保障、特色资源、学习环境等方面考虑，开发一系列具有地域特色的主题研学课程，这是研学产品设计的关键所在。

【思考】

1. 研学旅行产品开发的核心要点是什么？
2. 民宿如何结合当地独特的研学资源，开发特色的研学课程？

2016 年以来，研学旅行逐渐成为中小学生一项必修课，深受学校、家长及学生的欢迎。究其原因，主要有两点：一方面继承和弘扬我国传统"读万卷书，行万里路"的教育理念和人文精神，成为素质教育的新内容和新形式；另一方面有利于培养中小学生的生活技能、劳动意识、责任意识、创新精神和实践能力等核心素养，是国家大力推行和倡导的中小学生"育人"新模式。

目前，大多数民宿都有"亲子游"类的活动产品，以家庭为单位，培养青少年的实践能力、生活技能、劳动意识和创新精神等，具备研学旅行产品的一些基本特征，具有一定"育人"效果，深受家长的欢迎。因此，不少民宿看到商机，拓展"亲子游"类的活动产品范围，延伸到中小学生研学旅行活动，纷纷开发带有研学旅行功能的民宿产品。

一、研学旅行内涵、产品类型与特征

（一）研学旅行内涵

2013 年，《国民旅游休闲纲要》首次提出"研学旅行"的概念。2016 年，教育部等 11 部委出台《关于推进中小学生研学旅行的意见》，正式把"研学旅行"纳入中小学教育教学计划，研学旅行成为中小学生必修课。目前研学旅行没有统一的定义，在《研学旅行服务规范》中定义：研学旅行是以中小学生为主体对象，以集体旅行生活为载体，以提升学生素质为教学目的，依托旅游吸引物等社会资源，进行体验式教育和研究性学习的一种教育旅游活动。《研学旅行策划与管理职业技能等级标准》中定义：中小学生研学旅行是由教育部门和学校有计划组织安排，通过集体旅行、集中住宿方式开展的研究性学习和旅行体验相结合的校外教育活动。

通过以上定义，我们可以理解，研学旅行主要内涵包括以下内容。

第一，研学旅行的主体是中小学生，主要是帮助中小学生了解国情、热爱祖国、开阔视野、增长知识，以提升他们的生活技能、创新精神、实践能力和时代责任感等。

第二，研学旅行是校外教育活动，要走出校园，依托社会上的自然资源和人文资源开展体验式教育、研究性学习。

第三，研学旅行以提升学生素质为教学目的，属于教育教学的重要内容，要突出"育人"目标，落实"立德树人"的根本任务。

图 5-2　小朋友在探究自然植物

（二）研学旅行产品类型

研学旅行产品是以中小学生为主体，以旅行为载体，以核心素养培养为目标，依托研学旅行资源和服务设施，在一定区域内，通过课程设置开展的集体旅行与校外实践教育形式的总和。

研学旅行产品可以按照资源类型和课程主题进行分类。

1. 按照资源类型分类

可分为知识科普型、自然观赏型、体验考察型、励志拓展型、文化康乐型等五大类型。

（1）知识科普型：主要包括各种类型的博物馆、科技馆、主题展览、动物园、植物园、历史文化遗产、工业项目、科研场所等资源。

（2）自然观赏型：主要包括山、川、江、湖、海、草原、沙漠等资源。

（3）体验考察型：主要包括农庄、实践基地、夏令营营地或团队拓展基地等资源。

（4）励志拓展型：主要包括红色教育基地、大学校园、国防教育基地、军营等资源。

（5）文化康乐型：主要包括各类主题公园、演艺影视城等资源。

2. 按照课程主题分类

可分为优秀传统文化类、革命传统教育类、国情教育类、国防科工类、自然生态类和劳动教育类六大类型。

（1）优秀传统文化类：主要以优秀传统文化资源作为课程活动内容，引导学生了解和熟悉中国优秀传统文化的核心思想和理念，自觉传承中华传统美德和人文精神，从而推动学生树立文化自信。

（2）革命传统教育类：主要以革命传统文化资源作为课程活动内容，引导学生熟悉和掌握中国共产党党史和中国革命史，帮助学生建立正确的世界观、人生观、价值观，坚定自己的理想信念和强烈的爱国主义精神。

（3）国情教育类：主要以我国的基本国情、社会主义建设过程和取得的成就作为课程活动内容，引导学生熟悉和掌握社会主义发展史、改革开放史、现代化建设史，激发学生热爱家乡、热爱祖国的情感。

（4）国防科工类：主要以国家安全教育、国防教育、科研成果、科技创新成就等资源作为课程活动内容，引导学生爱科学、学科学，培养其科学精神，引导他们掌握科学方法，树立国防意识和国家安全意识，自觉维护国家安全。

（5）自然生态类：主要以壮丽山河、自然环境、生态环保等资源作为课程活动内容，引导学生感受祖国的大好山河、优美风光、良好生态等，引导学生树立人与自然和谐相处的生态文明观念和爱护自然、保护生态的良好意识。

（6）劳动教育类：主要以工业、农业、服务业等生产基地资源作为课程活动内容，引导学生树立"劳动最光荣""劳动最美丽"的观念，促使其树立尊重劳动、热爱劳动的意识，自觉学习基本劳动技能。

（三）研学旅行产品特征

研学旅行强调"游中学、学中游"。研学旅行活动中，旅行是载体，实践学习才是目的，通过旅行中开展的各种教育活动和学生的亲身体验，达到综合实践育人的目标。它具有如下特征。

1. 校外集体活动

研学旅行强调学生走出校门，集体旅行和集中食宿，走进自然和社会去学习和实践，接受一种完全不同于校内教育教学的学习方式，实现"生活即教育，社会即学校"教育理念。

2. 对象明确

研学旅行的主体对象明确为中小学生。民宿作为一个经济实体，可以拓展范围，将不同群体的游学、修学和家庭亲子旅行列为研学旅行对象，但主体仍是中小学生。

3. 目标明晰

研学旅行应突出"育人"目标，落实"立德树人"的根本任务，与一般的旅游活动不同，它是有目的、有意识地培养青少年核心素养的教育活动，以提升青少年实践能力、责任感和创新精神等。

4. 组织严谨

研学旅行主要是由学校组织的集体教育活动，以年级或班级，乃至学校为单位进行，组织十分严谨。民宿接待的其他机构组织的游学、修学和家庭亲子旅行等团队，也必须有严谨的组织，做到"活动有方案，行前有备案，应急有预案"，在研学指导师的带领下一起活动，共同体验，相互研讨。

5. 产品丰富

随着研学旅行不断完善和深入，研学产品越来越多元化，除了常规的劳动实践、自然探索、科学探究等主题研学产品外，民宿还可以结合研学对象和地域特色开发非遗体验、励志拓展、文化康乐等系列特色研学产品。

6. 体验学习

研学旅行强调在真实的社会环境中完成学习过程，必须要有体验和互动，寓教于乐，寓乐于教。通过体验活动设计，充分调动青少年视觉、听觉、嗅觉、味觉、触觉等五觉，亲自体验以获得直接经验，形成对事物的全方位认知，促进青少年在认知、情感和实践能力的提升中不断成长。

二、研学旅行课程设计原则与步骤

研学产品开发中最为关键的是课程设计。

（一）研学旅行课程设计原则

民宿在接待学校组织的研学旅行团时，一般都是与学校共同设计开发课程。除此之外，还应考虑其他游学、修学团队的需要，自主开发设计一些特色课程。课程设计应遵循如下原则。

1. 安全性

研学旅行必须把安全放在第一位。因为主体是青少年学生，所以安全永远是第一位的。在《关于推进中小学生研学旅行的意见》里，"安全"词语出现23次，也表明安全是教育主管部门、研学旅行组织机构、学校和家长关注的核心问题。因此在设计产品和开展活动时，必须坚持"预防为主，确保安全"的基本原则。

2. 教育性

研究旅行要突出"育人"的目标。研学旅行应坚持教育功能，这也是与旅游活动的本质区别。在《关于推进中小学生研学旅行的意见》未出台前，旅游行业习惯把研学旅行称为"研学旅游"，其实这两个概念有明显差异。旅游侧重游玩，只要达到悦心悦意、开阔视野、增长知识的目的就行了，而旅行侧重带着任务和目的出行和考察，需要完成一定的目标。因此，研学旅行最终目的是帮助青少年学生成长，实现教育目标。

3. 实践性

研学旅行活动倡导动手实践，重体验、重实践、少说教。应结合地域特点，引导青少年学生走出校园，在活动时空上向自然环境、生活和社会活动领域延伸，推动青少年学生亲近自然、了解社会、拓宽视野、丰富知识、体验实践。在课程的设计和实施中，就是要充分地促进和推动学生知与行、动手与动脑、书本知识和社会经验的结合和统一。

4. 研究性

在研学活动过程中，应设置问题引导青少年学生探究事物，问题的答案不能是简单的是、否或几句话就能回答的。问题应具有启发性，能促进青少年学生思考和表达，探索和追究事物的本质，得出搜索引擎查不到的答案。

（二）研学旅行课程设计步骤

教育部教育发展研究中心基础教育研究室相关领导指出，研学旅行的课程开发是一套经过系统设计的育人目标框架，其落实需要从整体上推动各方面、各环节的对接融合，最终形成以学生发展为核心的综合的课程体系。

民宿应结合自身及周边环境资源、所拥有的服务设施开发设计特色研学课程，以提升青少年学生的综合素质，促进青少年学生的全面发展。

1. 精心确定主题

根据所处地域资源状况设计主题，突显地域特色，切忌生搬硬套。不能为了实现多个教学目标而设计范围宽广的主题，造成内容过多，难以操作。一般一个主题课程时间长度以1个小时以上至6个小时为宜，因此应适当地取舍和提炼，形成相对完整、特色鲜明的主题。比如，职业体验类研学，就可以确定"我是小小消防员""我是'非遗'小传人"等。

2. 准确定位目标

根据学校的课程规划、育人目标、青少年学生年龄特征等设计课程目标。课程目标设计应体现多维度，能够促使青少年学生获得全面发展。比如，核心素养目标、综合素养目标、劳动教育目标等。

3. 合理选择资源

首先，对本地及周围资源在内的一切可能用于研学旅行的各种资源、场景进行考察，包括自然、工业、农业、服务业、历史文化、现代科技、工艺美术等；其次，评估这些资源对于一个主题课程的适用性、可用性，最终确定可开发利用的资源。

4. 设计教学内容

教学内容设计是研学旅行主题课程开发的关键任务，除了包含主题所涉及的学科知识外，还应融入主题涉及的道德、法治、传统文化、信息技术等相关方面知识。课程内容设计应细化、具体化，并具有可操作性，包括做什么、怎么做、做多久。针对主题课程的内容和体验活动需要，还应准备辅助的文字、图片、视频、动画等资料，供研学指导老师备课或者作为教学内容使用。

5. 科学评价效果

课程评价的方式多种多样，不仅要从单学科知识掌握运用的角度评价，更要从青少年学生核心素养培养的角度进行综合评价，包括研学作业的完成、研学成果的展示、研学体会的分享、研学成绩的认定等。

【案例 5-1】

行知故里探知行

课程主题：行知故里探知行

课程目标：了解陶行知当年通过"小先生制"推动识字扫盲运动的历史，体验教、学、做合一的"小先生制"扫盲活动过程，培养学生在困难情况下寻找解决困难的能力，并传承知行合一的优秀传统精神。

适宜季节：全年

活动时长：60~90 分钟

授课对象：4~6 年级学生

扩展对象：亲子家庭

授课地点：歙县陶行知纪念馆

教学内容：

第一步：人员分工。研学旅行指导师负责教学任务设计和现场教学实践活动控制，辅助人员（如景区、博物馆讲解员等）配合指导师进行现场讲解和实践活动指导。安全员负责现场和外出实践的安全工作。

第二步：参观歙县陶行知纪念馆，了解伟大教育家陶行知先生实施"小先生制"的时代背景、存在困难、解决方法及取得效果，感受陶行知先生先进的教育理念和伟大人格魅力。

第三步：带领学生完成未知领域的知识教学和学习，如臭鳜鱼的"鳜"字、合肥罍街的"罍"教学。

第四步：将学生按照 2~4 人一组分组，每组一名同学寻找陌生人（或同学）教授新学的字，一名同学负责用手机摄像，记录过程，交替进行。

第五步：多维度了解学生完成情况，包括过程评估、评分表评价和目标实现效果的评估等综合评价。

【案例分析】

研学旅行课程设计完成后，接下来的关键就是课程实施，需要紧扣"育人"目标，通过寓教于乐的实践和体验活动，激发学生的兴趣，积极参与实践和体验，让学生在活动中有所思、有所悟、有所行，才能够真正落实"立德树人"的根本任务。

【思考】

1. 研学旅行课程的实施应该有哪些主要环节？
2. 研学旅行实践和体验活动如何设计才能激发学生兴趣，并让学生乐于参与？

三、研学旅行课程实施流程

在开展研学旅行课程实施过程中，应把握四个环节，即带领认知、指导体验、组织探索和引导感悟。

（一）实地探访，带领认知

带领研学青少年学生进入自然类或人文类的研学基地（营地）、景区、博物馆、纪念馆、农场、工厂等场所，实地观察探究。根据研学课程主题和内容的要求，对自然类资源可以进行自然地理、地质地貌、物种调查、动植物形态等方面的认知；对人文类资源可以进行区域的文化、艺术、习俗等方面的认知；对工农业生产场所可以进行工农业产品、生产过程等方面的认知。

例如，杭州西溪湿地公园考察探究，可以包括如下内容：分组考察西溪湿地的生物类群，探究西溪湿地被称为"杭州之肾"的原因，考察水域对湿地植被的影响，分组考察西溪湿地中的食物链和食物网，探讨人类活动对西溪湿地生态系统的影响等。通过对西溪湿地公园的考察游览，青少年学生得以近距离接触大自然、了解大自然，从水文、气候、地质、生态环境等多维度进行探究。

又如，对黟县世界文化遗产地西递的考察探究，可以包括如下内容：游览考察西递古村落布局及蕴含的人文理念；分组探访徽派建筑，欣赏徽州古建筑工艺之精湛，体悟历史悠久的东方美学"道法自然"的文化底蕴；了解各种建筑形态的基本结构；解读楹联碑刻的文化内涵等。

（二）设计方法，指导体验

体验活动设计是研学旅行课程设计的重要内容，通过体验活动设计和指导，寓教于乐，让青少年学生深深感受到祖国的大好山河、壮丽风光、丰富文化类型和深厚的人文底蕴等，激发他们热爱祖国、热爱家乡、热爱传统文化等，培养他们的道德修养、劳动意识等。

又如，杭州西溪湿地公园体验活动的设计和指导，可以包括如下内容：

生物类群、食物链、生态系统的观察与记录，动植物样品的识别与采样，动植物标本制作等。

例如，黟县世界文化遗产地西递体验活动的设计和指导，可以包括如下内容：动手制作名碑拓印、古法造纸、徽墨描金、歙砚雕刻、徽笔制作等，追寻传承千年匠心；开展草木蓝染、竹编学艺、田园采摘、烧火做饭等活动，可以让青少年学生在快乐中学习，感受古徽州的文化气息。

（三）提出问题，组织探索

探索环节就是设置和提出问题，引导青少年学生反思和拓展问题，促进青少年学生自主思考和探究，从而得出启示和感悟。

例如，沙漠研学课程，在对沙漠植物的科考结束后，根据不同的研学目标，可以提出以下问题。

（1）很多沙漠在遥远的古代曾经是森林草原，现在怎么会变成沙漠的？

（2）沙漠植物有什么特点？为什么会形成这样的特点？

（3）沙漠旅行安全应注意什么？需要准备什么样的装备以确保安全？

（四）拓展问题，引导感悟

通过拓展问题、反思问题，引导青少年学生谈感悟。研学指导师还可以在青少年学生感悟的基础上，进一步总结、提炼和提升，促进青少年学生对世界观、人生观、价值观的内涵产生更深刻的理解，进行深入的思考，培养他们的劳动意识、责任担当意识和创新精神、科学探究精神等，这样才能突出"育人"目标，真正实现研学旅行"立德树人"的根本任务。

例如，在青少年学生对徽商相关知识了解后，引导他们领悟徽商的吃苦耐劳"徽骆驼精神"和以诚待人、以信接物、义利兼顾的商业道德，从而培养和激发青少年学生爱国精神、团队精神、进取精神、执着精神、勤俭精神、奉献精神等。

【拓展知识5-1】

徽州马头墙探秘

马头墙，又称封火墙、防火墙，是徽派建筑最具代表性的特点之一，它是如何产生的？下面以"徽州马头墙探秘"为主题课程，实施一次研学旅行活动。实施过程主要包括带领认知、指导体验、组织探索和引导感悟四个环节。

图 5-3 徽州马头墙

第一个环节是带领研学青少年学生去认知马头墙。一般可以通过民宿主人、导游或景区讲解员的介绍来帮助研学青少年学生认知,充分了解徽州马头墙产生、演变的过程及其凝聚的徽州古人的智慧和精神等方面知识。

第二个环节是指导研学青少年学生去体验马头墙。在实际研学中,体验活动方式有很多,可以通过哪些方式去指导研学青少年学生开展马头墙的体验活动呢?一般可以采取以下几种方式进行,如寻找、拍摄和手绘马头墙等。准备一些不同类型的马头墙图片,在古村落体验时,把图片分给研学青少年学生,请大家拿着图片去古村落中寻找,找到最美的、最独特的、最有代表性的马头墙,然后把它拍下来。当然,为了充分展示青少年学生的才艺,可以鼓励他们通过素描或简笔画来手绘马头墙。如果是高年级学生,还可以建议他们与当地居民交流,访谈了解更多的马头墙知识。体验活动结束后,可以请研学青少年学生展示自己拍摄或手绘作品,汇报居民访谈情况等。

第三个环节是组织研学青少年学生去探索马头墙。探索环节就是设置和提出问题,引导青少年学生反思和拓展问题,促进青少年学生自主思考和探究,从而得出启示和感悟。特别要强调的是,应该根据不同学段的学生,提出不同的问题。如针对初中生,一般可以提出以下问题。

(1)马头墙的形成和演变体现了徽州先民什么样的精神?

(2)知府何歆发现并推广马头墙给了我们什么启示?

研学指导师在设置和提出问题后,组织研学青少年学生分组讨论。

第四个环节是引导研学青少年学生去感悟，实现教育目标。通过巧妙的问题设置，有效地带领和促进研学青少年学生谈感悟。

比如：

第一个感悟是马头墙的形成，不仅具有防火功能，而且由简单的"一堵墙"，演变成带有强烈美感的马头造型，形成"粉墙黛瓦马头墙，自然古朴山水间"的动态美感，凝聚了徽州先民伟大智慧和不断的创新精神。

第二个感悟是何歆知府为了消除火患，细心观察、勤于思考、乐于探索、善于总结、敢于推广，体现了他的科学探究精神和"为官一任，造福一方"的责任担当精神。

最后提炼和升华，总结一下：马头墙的产生、演变过程体现了徽州先民不屈不挠的奋斗精神、创新精神、科学探究精神和责任担当精神等，这些精神都是值得我们学习和发扬光大。

四、特色研学旅行课程开发实例

民宿在开展研学活动时，可以充分利用周围研学资源，开发一系列具有特色的研学旅行课程。下面就是徽州区唐模和西溪南民宿集群利用附近谢裕大茶博园开发课程的典型案例。

图 5-4　黄山毛峰茶

谢裕大茶博园研学基地课程设计

徽州区谢裕大茶博园是集黄山毛峰茶发展史、制作工艺、茶艺表演、休闲品茗为一体的茶文化博物馆,是黄山毛峰茶和中国茶文化传播的重要基地。

一、课程概况

1. 课程主题

一花一草一世界,一茶一品一人生

2. 关联学科

生物、历史、人文、科学、语文

3. 基地特点

茶博园拥有 7000 平方米的博物馆建筑,包括茶史溯源、徽茶之光、茗香天成三个版块十二个单元,详细展示了中国茶叶及黄山茶叶的历史和文化,分为品茶室、多媒体教室、学术报告厅和临展区。依托 2000 亩生态茶园、非遗制茶坊,为研学青少年学生提供"听、看、采、制、品、学"的全方位体验服务。

二、课程介绍

在黄山市,包括古徽州经济发展中,茶起到了不可估量的作用,正如一首诗中说到"未见屯溪面,十里闻茶香"。历经千年,徽州的茶依然飘香国内外,当地良好的生态环境,多彩的人文内涵给茶注入了不一样的生命。以采摘茶叶、参与茶叶制作、学习茶叶冲泡技巧、参观茶叶博物馆为主要内容,开展茶研学体验活动;让参与者自己动手参与茶文化深度体验游,逐渐了解并认同徽茶文化。

在茶博园"自然生态的茶、劳动生产的茶、科普动手的茶、人文历史的茶"等四个课程的学习探究中,通过"形、声、闻、味、触"等五感多维度地感受茶的本质以及茶文化的多样性,了解丰富的茶知识,掌握茶的冲泡方法,寻找茶与自己的内在联系。

通过丰富详实的收藏展品和历史文献和文物,运用符合现代人审美意识的陈列形式与手段,借助历史文物、茶书、茶经、茶画(古画、现代画)、茶技、茶艺的综合展示,体悟黄山毛峰创始人谢正安由茶道提炼出商道的精神内涵和茶与习俗、茶与社会、茶与人生的融合境界。

三、课程内容

（一）探究课

深入茶园，丰富学生的茶叶科学知识，实践体验探究。对徽州茶人、徽州茶庄茶号以及徽州茶商进行了解、学习，感悟博大精深的徽茶文化。

（二）分享课

学生分享探索徽茶文化的成果，形成茶有关的调研报告或申报研究课题。

四、课程目标

（1）体验茶叶采摘及制作的艰辛。培养学生尊重劳动，热爱劳动和团队合作意识；通过问题引导，锻炼学生用学科知识解决实际问题的能力。

（2）掌握国家级非物质文化遗产——黄山毛峰茶手工制作工艺的相关知识和技能，在体验、参与、交流中，了解手工制茶的特点，让参访者感受到大国工匠精神。

（3）深入茶园，丰富学生的茶叶科学知识，了解生态环境和农业发展以及人与生态环境的和谐相处之道，建立正确的环境观念和环保意识。

五、课程安排

（一）探究课

（1）课程一：自然生态的茶。

（2）课程二：劳动生产的茶。

（3）课程三：科普动手的茶。

（4）课程四：人文历史的茶。

（二）分享课

（1）我眼中的茶园谢裕大：摄影、绘画、思维导图等形式不限。

（2）我笔下的茶园谢裕大：诗歌、散文、报告文学、课题报告、演讲、课本剧等文学方式。

六、课程组织实施

（一）探究课

1.课程一：自然生态的茶

茶是一种特殊的植物，它既有实用价值，也有观赏价值。带领学生拥抱大自然，到茶园中去呼吸新鲜的空气，感受茶的良好生态环境，更好地了解自然环境对茶叶品质起的关键作用，拓展青少年学生的知识结构。

（1）活动介绍

带领学生穿行在茶园的茶树之中，探访黄山市优质茶树资源保护库，近距离接触百年老茶树群、中国十大名茶苗圃及形态各异的茶树。让学生仔细观察有性繁殖和无性繁殖的茶树苗圃区，对照、寻找两种繁殖之间的差异化；思考不同繁殖方式的优点及特性；客观看待科技发展给茶树生长带来的改变等；同时观察茶园内的各种设施设备，了解它们的作用；分析讨论如何让茶叶生长得更加生机勃勃，产量更高、品质更优。

图 5-5 安徽黄山的一处茶园

（2）探究内容

①茶树的自然形态，茶树的叶片形状、特点。

②茶树传播的路径以及形态变化的趋势。

③茶树的繁殖方式。

④茶园的病虫害防控以及不同时节的管理技巧。

（3）体验形式

茶园沉浸式教学；茶树扦插教学及实践。

2. 课程二：劳动生产的茶

随着机械化加工的普及和自动化生产迅速发展，手工制茶渐渐退出了生产舞台，手工制茶技艺濒临失传。手工制茶是一种特殊的技能，黄山毛峰茶制作工艺之所以成为国家非物质文化遗产，主要是因为制茶师通过长期的学习和实践，手工制作技艺十分娴熟，其生产过程已经演变为一个艺术创作的过程，制作出的茶能给人们带来美的享受，是传统文化艺术的一种展现形式，也是工匠精神的一种体现方式。

（1）活动介绍

在非遗制茶技艺体验园，学生可以在指定茶园区域参与劳动生产，学会茶叶的采摘技巧，并规定一定的采摘量（适当的劳动强度），主要让大家体会到劳动的艰辛和不易；近距离观摩并体验制茶中的摊、炒、揉、烘四大环节；让学生大致了解黄山毛峰的制作过程，以及每道工艺的作用和对品质的影响等。

（2）探究内容

①茶叶相关知识——茶叶的采摘、种类、季节变化对品质影响等。

②采摘实践——通过学生采摘与茶农采摘数量、质量的数据对比，亲身感受采茶不易、茶农的辛苦以及茶叶的珍贵等生产情况。

③黄山毛峰茶手工制茶技艺——非物质文化遗产的传承。

（3）体验形式

体验采茶、制茶过程。

3. 课程三：科普动手的茶

随着人们现代社会生活方式的变化，茶的冲饮方式也发生了改变。作为现代人，如何在短时间内掌握一个简单方便的茶叶冲泡方法，给客人冲泡一杯饱含情谊的茶，是非常有意义的。

（1）活动介绍

在茶叶科普教室内，研学指导师与学生互动交流，总结之前两个环节中的感受和感悟。探讨在体验过程中以及在生活和学习中对茶的认识和冲泡可能存在的问题。通过茶艺演示和练习，茶艺师在表演和指导冲泡的过程中，将茶的基础知识，如茶的起源、营养成分、应用价值等做不同深度地介绍。

（2）探究内容

①茶叶的追史溯源——茶叶的由来、茶树的起源。

②科学的冲泡方法——冲泡的三大要素：水温、茶水比、出汤时间。

③儒家思想的传承——徽州茶礼（清、静、和、敬）。

（3）体验形式

茶艺课堂，感受茶艺之美。

4. 课程四：人文历史的茶

博物馆是征集、典藏、陈列和研究代表自然和人类文化遗产的实物的场所，并对那些具有科学性、历史性或者艺术价值的物品进行分类，为公众提供知识、教育和欣赏的文化教育的机构。学生在博物馆中接受传统茶文化的洗礼，感受茶文化的妙义精深、源远流长，从而得到精神上的满足。

（1）活动介绍

在博物馆中通过聆听讲解、观看展品、互动提问、寻找答案等方式，将传统博物馆的单向知识传授变为互动学习；融合课堂学科知识，引导学生思考，让学习变得生动有趣。

（2）探究内容

①徽州茶的前世今生。

②徽商与茶的探究——茶商代表"谢正安"。

③扎根于儒家思想的茶俗茶礼——"孝悌""尊师重道"。

④名人与茶——茶与中国文化的结合，文人以茶修身。

（3）体验形式

参观茶文化博物馆。

（资料来源：黄山市旅游委员会、黄山市教育局著《研学黄山》）

第二节　旅拍产品

【案例导入】

行摄徽州

黄山市山水兼备、文化厚重、生态优美，素有"天然摄影棚"之誉。为充分利用黄山市田园风光、徽州古村落、徽派古建筑、名山大川等独特景物构画的风景之美，吸引摄影家和旅游者在美丽的风景中进行摄影创作。2011年以来，黄山市政府先后投入1.15亿元，开展148个"百佳摄影点"基础设施建设，开发摄影、写生等一系列特色文化产品，形成田园风光、民俗风情、农家生活、文化体验等10多条摄影旅游专线，并通过举办油菜花节、摄影大赛等活动，做大做强摄影产业和艺术经济。

图 5-6　黄山西递宏村风光

截至 2019 年，全市已开发摄影点 179 个、20 多条摄影旅游专线、10 大类 50 多个摄影系列产品，摄影农家乐 456 家、摄影主题酒店（民宿）130 多家，超过 1 万人直接从事摄影接待服务。"十三五"期间，黄山市接待摄影采风旅游者突破 2500 万人次，带动旅游综合收入 150 亿元以上。

【案例分析】

现在的旅游者对旅游的需求，不仅仅要"有看头、有玩头、有吃头……"，还需要"有拍头"，尤其是年轻的旅游者，纷纷赴景区景点打卡，目的就是能在朋友圈发几张唯美的照片，增加流量。通过旅游摄影（旅拍）可以带动旅游，促进旅游业发展，也是旅游业转型升级的一条新路子。民宿一般都处在城市和乡村的景区景点、文化街区及附近，环境优美、文化独特，摄影资源优越，都可以开发旅拍产品。

【思考】

1. 行摄徽州给了你什么启示？对"民宿＋旅拍"产品有哪些认识？
2. 如何合理利用民宿自身及周边资源开发旅拍产品？

旅拍，是近年来兴起的一种全新的主题游产品，将摄影与旅游紧密结合，其中尤以"婚拍"（即旅行婚纱摄影）增长最为迅猛，旅拍亲子照和旅拍写真等拍摄也呈快速增长，是"旅游＋"的典型形式。旅拍又称旅摄、旅行拍摄、旅游拍摄，指的是在旅行或旅游途中，有目的、有意识地用光圈快门记录下所游览区域的一切自然风光、人文景观及其他景色的过程。随着人们消费的升级，如今旅拍的生长环境也是多元化的，这个领域可以被细分为婚纱照拍摄、蜜月拍摄、亲子拍摄、短视频拍摄等，并呈现越来越丰富的发展态势。狭义的旅拍活动是指由专业旅拍团队制订方案、策划线路及专业摄影等活动；广义的旅拍活动是指旅游者在旅游过程中，以照片、写真、短视频拍摄为主的活动。民宿主可以通过打造特色鲜明的美宿环境，吸引专业旅拍团队入住拍摄。当然，更多的民宿主可以通过提供拍摄信息、策划旅拍产品、开展沙龙交流等，创造浓厚的拍摄氛围等，吸引普通的旅游者打卡拍摄。

一、旅拍产品内涵与民宿旅拍产品类型

（一）旅拍产品内涵

随着智能手机的普及和网络社交软件的兴起，外出游玩、出门用餐、逛街、购物时拍照发朋友圈已经成了很多人的生活习惯。"无旅拍，不旅行"，任何一段旅游的描述都没有一张照片、一段视频更有说服力。尽管不同旅游者的旅行目的地、旅行经历都各不相同，不管是用相机，还是手机，拍照留影都是旅游者共同的想法。通过光影和场景的搭配，时时捕捉景物背后自然流露的情感和独特之美等美好瞬间，以保留珍贵美好的记忆。现代人不一定随身带笔，但肯定会带手机，都会随时随地用手机拍照片，这已经变成一种最常见的记录事情的方式。所以，旅拍的内涵就是一种记录，记录生活、记录事物、记录风景、记录阅历……现代摄影不再是纯粹的艺术表达和新闻纪实，也不再是摄影师的专利。每个人都是摄影师，都可以拿起手机去表达和记录生活点滴。

（二）民宿旅拍产品类型

摄影有许多种不同的类型，分类比较复杂，但结合民宿的特点及旅拍产品的开发，可以分为以下三类。

1. 按照拍摄环境分类

可分为室内摄影和户外摄影。

（1）室内摄影

这是以民宿室内空间和家居美景作为拍摄元素而进行的拍摄活动。近几年，民宿旅拍开始盛行，一些独特的、环境优美的民宿成为旅拍美照地。

四川省成都市龙泉驿区三峨街的龙泉驿特色民宿以"我和你影像生活馆"为主题，用"摄影＋民宿"的旅拍产品，创新和拓展了民宿的产品，别具风

韵的川西建筑、雕而不画的门窗木构、院子门口的小溪流水、竹林……随手都可以拍摄影像作品，幽雅且宁静，吸引了不少旅游者留宿、打卡。

（2）户外摄影

这是以民宿周围及附近景区景点的外景资源作为拍摄元素而进行的拍摄活动。民宿一般都处在风景优美、人文独特的景区景点、文化街区和传统村落附近，要善于利用这种优越外景拍摄资源，设计旅拍产品，编制旅拍线路，以满足广大摄影专线团队和自拍旅游者的需求。

图 5-7　旅拍

2. 按照旅游者需求分类

可分为旅拍婚纱照、旅拍艺术写真、旅拍亲子照和短视频等。民宿可以根据旅游者的需求，结合本区域的地域文化和旅游资源特色，创设拍摄意境，设计拍摄线路，以满足旅游者的需求。

（1）旅拍婚纱照

这是旅拍的最早形式，也是主要形式。婚纱摄影由最初的室内取景，逐步演变为"室内取景＋户外拍摄"相结合的模式，婚纱摄影的拍摄场景不断拓宽。婚纱摄影增加户外拍摄后，开始是在所在城市就近进行外景拍摄，后逐渐转移到异地旅行拍摄。唯美、浪漫的旅拍婚纱照已经成为见证爱情的信物。一些风光秀丽的城市与景区成为结婚新人的最佳选择，诸如三亚、厦门、大理等地都已成为旅拍婚纱照的热门地。

"80 后"，尤其是"90 后"占据了旅拍婚纱照的大部分，但也不缺乏老年人的参与，比如金婚、银婚婚纱拍摄等。据途牛旅游网监测数据显示，参加途牛蜜月游、婚纱摄影的用户中，50 岁以上的占比达 20%。有钱有闲的中老年人已成为旅拍、蜜月游的重要消费人群，他们有的是自己在网上预订，更多是其子女替父母在网上下单，送给父母。

图 5-8　婚纱摄影

（2）旅拍艺术写真

这是一种以女性群体为主的旅拍形式。"写真 + 旅拍"是将深度旅游体验与主题拍摄相结合的产品，满足了赏美景、深体验、玩美拍的旅游消费需求。旅拍专业团队以独特视角、高超专业水准，为不同的消费者量身策划，精心拍摄，为其留下美好的瞬间记忆。越来越多的女性在旅行出行中，选择购买旅拍服务，为自己的旅行增添美好回忆。

（3）旅拍亲子照

近几年旅拍行业中，亲子写真纪实风盛行，不再是刻板雷同的布景、千篇一律的摆拍，而是用照片和视频记录孩子的成长经历和瞬间流露的真情实感，如生日旅拍、成人礼旅拍、纪念日旅拍和毕业季旅拍等。"80 后""90 后"年轻父母，不仅希望每一次的旅途都能留下开心美好的回忆，更希望能够拍下夫妻或者一家三口之间的亲情互动，抓拍出一些温馨快乐的瞬间。

（4）短视频

短视频社交已经成为当代人，尤其是年轻人生活中不可或缺的一部分，短视频内容的生产也从泛娱乐化走向旅游等垂直细分领域，越来越多的用户通过短视频的形式打卡旅游目的地。

3. 按照拍摄者分类

可分为专业摄影师拍摄、旅游者自拍。

（1）专业摄影师拍摄

随着旅拍行业市场规模的扩大，市场也越分越细，对旅拍团队的专业性要求也越来越高，需要专门的摄影师和专业的工作室。知名品牌的旅拍机构一般都拥有自己的专业摄影师。当然，为了降低成本，还与旅游目的地的影楼、摄影行业协会、当地摄影师等长期合作，建立相对稳定的摄影师团队。旅拍主题民宿根据自身的规模和特色确定是否需要拥有专业摄影师，也可以通过与影楼、行业协会合作，建立相对固定的摄影团队。

（2）旅游者自拍

未来的整个摄影市场，将会是一个以旅拍为主导的格局。随着手机功能以及相关配套功能越来越强大，旅途中用手机自拍，已经成为广大旅游者的习惯性行为。

二、旅拍产品开发原则

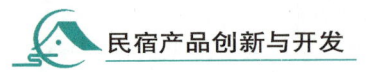
视频5-2：舟山花屿·爱丽丝民宿

在开发"民宿+旅拍"产品时，应遵循以下原则。

1. 市场导向性原则

"哪里有需求，哪里就有市场"。一个行业的兴起必然有需求，才能形成市场。在旅游者追求旅游体验的现代社会，必须以满足旅游者的需求为终极目标，这也是旅拍产品开发的关键。一个旅拍产品的成效，最终需要靠市场来检验，再好的产品，不能适应市场需要，不被旅游者接受和喜爱，也终究会被淘汰。

作为旅拍消费的主力军，"80后""90后"呈现出全新的消费理念，他们喜爱追逐流行、簇拥时尚，"拔草"网红城市、景点及酒店，给旅拍行业提供了庞大的市场。因此，在民宿旅拍产品开发与设计中，必须充分了解不同旅游者的需求，细分旅拍市场，准确把握目标市场的需求特点、规模、档次及发展趋势，从而才能生产适销对路的产品。

2. 地域特色性原则

同质化现象是很多区域旅游产品普遍存在的共性问题，旅拍产品也不例外。从目前的旅拍产品现状来看，同样存在重模仿、轻创意、特色不明显等行业痛点。因此，"民宿+旅拍"产品的设计和开发要尽最大可能突出地方的景观特色和文化底蕴，努力反映当地的自然与人文特色，这样才具有独特性，才能确保吸引力和竞争力。

以成都为例，作为"天府之国"的中心城市，汇聚了美食、美景、美物，时尚与传统、科技与文化和谐共生，碰撞交融。因此，在开发旅拍产品时，必须融入成都地区独特的人文风貌和场景特色，这样才彰显地域性、稀缺性，方能吸引旅拍者。

3. 个性差异化原则

探新求异是旅游者产生旅游动机的主要原因之一，也是旅拍者的普遍心理。从旅拍消费的个性化角度出发，现在的人们越来越重视内心的体验和感受，并乐于将其分享至各个社交平台获得点赞的满足感，这也是体验经济的内核。直播、短视频、美文美照之所以在各类社交平台盛行，就是因为人们需要透过观察别人的生活来审视自我和憧憬未来，有人甚至惊呼"我已经在朋友圈游遍了全世界"，这也是分享文化下的体验满足感。所以旅拍产品的开发，需要"以客户为中心"，根据旅游者的个性化要求策划和筹备，量身定制旅拍产品，这才符合旅拍者需求，尤其是年轻一代的"口味"。

三、旅拍产品设计流程

1. 市场研判

客源市场需求状况是"民宿+旅拍"产品开发的重要条件之一，经济效益直接取决于客源状况。开发旅拍产品应注重市场的调查和预测，准确地把握市场需求特征及其变化规律，结合当地资源特色，确定开发的重点、主题、档次，减少盲目性。在旅拍产品开发前，应对市场进行研判，细致分析客源市场，在对旅拍者人群结构、数量和季节性分布、旅拍方式、旅拍目的、停留时间、消费水平进行调查分析的基础上，预测市场规模，有针对性地开发婚纱旅拍、生日旅拍、成人礼旅拍、夕阳红旅拍、纪念日旅拍、毕业季旅拍等产品。

2. 资源调查

旅拍产品应注重景观资源的美学特征，必须具有观赏性，尤其在视觉上具有强烈的冲击力，能从生理上和心理上满足旅拍者对美的追求，这是旅拍产品与普通旅游产品最主要的差别。因此，民宿主人要对民宿及周围景观资源进行充分调查，熟悉当地景观的美学特征，开发旅拍产品时，应选择美学价值高、观赏性强、知名度高的景观资源，这样才对旅拍者具有吸引力。

3. 时机选择

只有选择恰当的时机，才能拍出最美的照片。

第一，多数优美的自然风景和乡村风光只在特定的季节或时期才能呈现出来。例如，赏花旅拍，春天拍桃花和油菜花、夏天拍荷花、秋天拍菊花和向日葵等；拍摄乡村晒秋活动只能在秋天进行。

第二，同样的自然景物在不同的季节里展现出不同的风姿。例如，四川九寨沟，春夏是碧水青山，秋天是五彩斑斓，冬季是银装素裹。

第三，同样的景点，在一天中不同时间段表现出来的景观特色也不一样。例如，黄山景区，日出、日落的时间以及观景的位置不同，都影响拍摄的取景和构图。

第四，一些民俗活动、重大节庆、传统体育赛事等人文景观，都是在特定的时间举行。例如，傣族的泼水节、佤族的摸你黑、蒙古族的那达慕大会等。

民宿主人在开发旅拍产品时，一定要熟悉和掌握本地主要自然风光和人文景观的最佳观赏时机。

4. 线路设计

民宿主人应指导旅拍者根据不同主题、不同季节、不同时段、不同区域制订拍摄计划，设计旅拍线路。例如，黄山市文旅部门先后推出了20多条摄影旅游专线，为自由旅拍者和旅拍产品设计人员提供指导和参考。

以黄山风景区为例，地点、时间不同，拍摄到的风景也不同，需要设计合理的线路，如日出最佳拍摄点有清凉台、曙光亭、狮子峰、始信峰、丹霞峰、光明顶、鳌鱼峰、玉屏楼；晚霞最佳拍摄点有清凉台、清凉别墅、丹霞峰、飞来石、光明顶、狮子峰；云海最佳拍摄点有玉屏楼观前海、清凉台观后海、白鹅岭观东海、排云亭看西海、光明顶看天海；雪景最佳拍摄点有北海景区、西海景区、天海景区、玉屏景区。如何设计线路才能够让旅拍者在恰当的地点、恰当的时机，拍摄到期望的美照？黄山风景区及专业摄影机构推荐有大美黄山"2天1夜""3天2夜""4天3夜"等摄影创作线路。

图 5-9 黄山日出

四、特色旅拍产品开发实例

西溪南美在创意山水间

黄山市徽州区西溪南古村落距今已有 1200 多年,有着得天独厚的历史、人文、村落、建筑、水系、地域文化等特色旅游景观,拥有全国重点文物保护单位——老屋阁和绿绕亭以及多处明清古建筑,大片枫杨林湿地的自然生态景观、农家庄园、田园风光点缀着古老村落,每年都吸引大量青年情侣来此拍照,宁静的徽州古村落和优美的自然景观见证着他们恒久不变的爱情。早在 2012 年,西溪南古村落就推出"执手漫步西溪南,风雅乡趣浪漫红"主题婚纱摄影节。民宿和摄影成为西溪南镇两大主要产业。目前,西溪南民宿集群已建成精品民宿 40 多家,各民宿主都围绕摄影产业不断创新"民宿+摄影"产品。

例如,民宿梦溪别院承办了由徽州区西溪南镇人民政府主办的梦溪杯"春光花影 醉美西溪南"摄影大赛,梦溪方会精品设计酒店、黄山院子里精品客栈、大旅小舍客栈、燕舍客栈等 10 多家民宿参与;民宿溪边文苑启动了"抖爱西溪南抖音挑战赛";诗莉莉·慰颜府民宿则为旅居的旅游者推出专业摄影师免费拍照服务；望山生活·钓雪园民宿邀请全国各地摄影家定期来西溪南采风，并为旅拍者提供摄影技术支持和旅拍线路规划等服务；还有不少民宿推出图片社、摄影吧、摄影沙龙、无人机航拍、摄影师培训等旅拍相关的服务产品。

图 5-10　徽州区西溪南一宅院

西溪南民宿一个个旅拍创意金点子落地生根，使往日冷清的古村落焕发出勃勃生机，不仅让"醉美西溪南"成为旅拍者的摄影天堂，也让民宿延长了产业链，稳固了客源，提升了西溪南民宿集群的品牌影响力。

第三节　非遗产品

【案例导入】

非遗＋民宿：擦出文旅新火花

为进一步提升民宿的文化内涵，增强游客的文化体验，温州市文化广电旅游局提出"非遗民宿"概念，并在全国率先起草制订非遗民宿地方标准，引导民宿业向文化特色方面发展，促进民宿行业整体从数量扩张型向质量提高型转变。2020年公布了首批33家民宿为非遗民宿创建单位。

圣井左舍是温州市一家致力于打造田园风光和非遗文化相融合的民宿。走进圣井左舍,处处透露着非遗文化气息,一楼的木活字印刷术、蓝夹缬技艺、瓯窑、传统红糖制作技艺等非遗衍生品展示展销区尽显文旅融合特色,可供住客选购;书吧设置有非遗体验区和解说牌,可开展木活字印刷术、蓝夹缬技艺等非遗体验活动;前台处摆设非遗相关宣传品,并播放非遗文化相关音频。二楼大厅中间区域展示着非遗文化特色的相关产品以及介绍牌。客房也处处透露着非遗气息,主色调以白色、灰蓝和原木色系为主,搭配蓝夹缬传统印染的床品,并点缀有蓝夹缬、瓯窑等客房生活用品,尽显古朴与典雅。圣井左舍定期为游客安排参与非物质文化遗产体验的活动,并提供相关服务和非遗产品的衍生品。

麂海心踪民宿保留了海岛石头房原来的风貌,透着古色古香的海岛古宿气息。民宿整体打造以海洋文化为基础,开展常态化的鱼拓非遗体验活动,让游客在住店期间了解海岛价值、海岛人文、海洋文化,体验海岛特有的非物质文化遗产。

泉玥·湖岭是一家致力于打造休闲康养度假和传统非遗文化相融合的民宿,与瑞安市汉臣陶艺工作室(温州市级非遗体验基地)合作。民宿一楼接待大厅,设有瓯窑和牛角雕非遗精品展示区;双层多功能室作为非遗体验区,定期开展瓯窑体验活动,同时设置视频教学和文字解说牌,让住客了解更多非遗文化。

……

【案例分析】

"非遗是传统,民宿是时尚;非遗是文化,民宿是场景;非遗是事业,民宿是产业","民宿+非遗"呈现了一种全新的业态,不仅实现了非遗项目的保护传承,也促进了民宿行业提质增效,是民宿行业由数量扩张型向质量提高型转变的有效途径,提高了民宿的经济效益和社会效益。

【思考】

1. "非遗+民宿:擦出文旅新火花"给你什么启示?"民宿+非遗"对民宿产业的转型升级具有什么重要意义?

2. 民宿如何结合当地非遗文化,开发特色非遗产品?

民宿产品创新与开发

一、非遗定义、内涵与特征

（一）非遗定义

非遗是非物质文化遗产的简称，其定义比较多，主要有以下几种。

《保护非物质文化遗产公约》的定义：非物质文化遗产是指被各社区、群体，有时为个人视为其文化遗产的各种实践、观念表述、表现形式、知识、技能及相关的工具、实物、手工艺品和文化场所。

《国家级非物质文化遗产代表作申报评定暂行办法》的定义：非物质文化遗产是指各族人民世代相承的、与群众生活密切相关的各种传统文化表现形式（如民俗活动、表演艺术、传统知识和技能，以及与之相关的器具、实物、手工制品等）和文化空间。

《中华人民共和国非物质文化遗产法》的定义：非物质文化遗产是指各民族人民世代相传并视为其文化遗产组成部分的各种传统文化表现形式，以及与传统文化表现形式相关的实物和场所。

也有学者认为，非物质文化遗产指人类以口传方式为主，具有民族历史积淀和广泛代表性的民间文化艺术遗产。

尽管各个定义的表述有所不同，但在非物质文化遗产内涵的论述上具有广泛的共同点。

（二）非遗内涵

非物质文化遗产包含丰富的历史、文化和精神传承价值。名为"遗产"，就是强调它的历史价值，强调是历史年代流传下来的历史财富；而名为"文化遗产"，就是强调其丰富的文化资源、巨大的文化财富，具有重要的文化价值、精神传承价值。因此，非物质文化遗产对现代社会来说，最重要的价值便是历史价值、文化价值和精神价值。让我们可以从中了解历史，认识人类文明，而且是以鲜活生动的形式，从而很好地发挥其传承民族精神的作用和价值。

1. 历史价值

从根源上来说，非物质文化遗产是"各民族人民世代相承的"，反映的是民众的集体生活，并长期得以流传的人类文化活动及其成果，因而具有不容忽视的历史价值。其以民间的、口传的、质朴的、活态的形式存在和传承，有助于现代人更真实、更全面地认识已逝去的历史和文化。可以说，非物质文化遗产累积了不同历史时代的精髓，保留了最浓缩的民族特色，是民族历

史的活态传承，让人们以直观、形象生动的活态形式认识历史，这就是非物质文化遗产的历史价值。

2. 文化价值

社会发展的过程实际上就是文化积累的过程，世代积累的文化又成为不同民族、地域存在、发展的源泉和标志。非物质文化遗产包含丰富的文化资源，鲜活生动地记录了不同民族、地域群的聪明才智的结晶和天才创造的成果，是鲜活的文化，是文化活化石。世界上每一个民族的非物质文化遗产中，都包含着该民族传统文化的精髓，原生态地反映着该民族的文化身份和特色，体现出该民族独具特色的文化发展踪迹，展现出鲜明的文化价值。

3. 精神价值

非物质文化遗产鲜活生动地传承着丰富的历史文化，深深蕴藏着特定民族长期的生产劳动、社会实践中积淀而成的民族精神，包含了民族的价值观念、心理结构、气质情感等文化基因和精神特质，是民族的生命动力、精神家园、情感依托，具有传承民族精神的重要作用和价值。

图 5-11 竹编

非物质文化遗产的历史价值、文化价值、精神价值，构成非物质文化遗产的基本内涵。

（三）非遗特征

非物质文化遗产种类繁多，范围庞杂，但它们在性质上具有相当多的共性，如具有杰出价值的民间传统文化表现形式或文化空间，具有见证现存文化传统的独特价值,具有鲜明独特的民族、群体或地方文化特征,具有促进民族文化认同或社区文化传承的作用等。民宿在开发非遗产品的时候,一定要彰显以下几个基本特征。

1. 民族性

民族性是指为某一民族独有,从形式到内容的各个方面都体现了特定民族独特的世界观、价值观、生活方式、思维方法、审美意识、情感表达等因素。例如,特定民族的语言、服饰、饮食、风俗习惯、生产方式等,都是长期以来形成的,表现在日常生活和行为的方方面面,有很强的稳定性,不容易改变,这是非物质文化遗产的鲜明表现,也是民族性的体现。

2. 地域性

"一方水土养一方人"。每一个民族都有自己特定的生活、生产和活动的地域,该地域的自然环境对该民族有很大影响,进而会在此基础上形成该民族的文化特征。非物质文化遗产就是在一定的地域产生的,该地域独特的自然生态环境、文化传统、生产生活方式、日常生活习惯以及民俗风情都从各个方面决定了其特点和传承。离开了该地域,便失去了其赖以存在的条件。地域性特征既体现又进一步强化了非物质文化遗产的民族性特征。

3. 独特性

在我国很多地方流传着"十里不同音,百里不同俗"的说法,体现的就是非物质文化遗产的独特性。民族性和地域性特征决定了特定民族、国家或地域内产生和传承的非物质文化遗产具有各自的独特性、唯一性,是难以被模仿和再生的。其直接表现在服饰、礼仪、习俗、行为方式等方面,间接体现在思想、意识、情感、价值观等方面,都具有各自民族、国家、地域的独特性。

4. 活态性

非物质文化遗产有时需要物质作为载体,才能呈现出来,但其价值并非主要通过物质形态表现,它属于人类行为活动的范畴,需要借助人的行动或高超精湛的技艺才能展示出来。例如,祁门红茶制作技艺,需要祁门红茶的实物产品作为载体,才能呈现和传承;传统音乐、舞蹈、戏剧等艺术需要通过动态表演才能表现出来。因此,很多非物质文化遗产都需要人的语言和行为,才能呈现和传承,这是一个动态的过程,也是非物质文化遗产活态性的体现。

5. 传承性

从历史角度来看,非物质文化遗产的传承主要依靠世代相传,才得以保留下来，一旦停止传承活动，就会消失在历史的长河中。例如，现存很多的非遗技能、技艺、技巧，都是一代代的传承人以口口相传的语言和手把手传授的行为，才得以保存和延续到现在，成为历史的活的见证。没有传承活动，就不可能有非物质文化遗产的存在。

（四）非遗类型

非遗分类方法有很多，比较常见的是分为十大类，即民间文学、传统音乐、传统舞蹈、传统戏剧、曲艺、杂技与竞技、民间美术、传统手工技艺、传统医药、民俗。

如果从呈现和传承的载体上分类，可以归纳为以下四类。

1. 口头语言载体为主

主要有民间文学、传统音乐、曲艺等。涵盖神话、传说、民间故事、史诗、长诗、歌谣、民间笑话、民间谚语、谜语、歇后语等；民间歌曲、民间器乐曲、舞蹈音乐、戏曲音乐、曲艺音乐和民间祭祀仪式音乐等；快板、相声等说唱艺术。

2. 物质载体为主

主要有民间美术、传统手工技艺等。涵盖民间绘画、民间雕塑、民间工艺、民间建筑等；手工业技术与工艺等。

3. 行为载体为主

主要有传统体育、游艺与杂技、民俗等。涵盖传统武术、传统竞技、传统体育、杂技、魔术、马戏、滑稽等；人生礼俗、岁时节令、民间知识、民间信仰等。

4. 综合性载体

主要有传统戏剧、传统舞蹈、传统医药等。需要综合语言、行为和物质等载体，才能呈现和传承。

在"民宿+非遗"产品开发过程中，应根据民宿自身规模、空间布局、地域特色、不同载体等选择不同项目，有针对性地进行设计开发。

二、非遗产品设计原则

"民宿+非遗"，就是在民宿景观中运用非遗元素，提升民宿景观形象和文化内涵，丰富和创新民宿产品。同时，借助民宿这个平台，对非遗技艺进行活态性的保护和传承。在"民宿+非遗"产品创新开发中,应遵循以下几个原则。

1. 地域性原则

一个老物件,一门老手艺,一出戏曲,每个地域都有属于自己的独特文化。非遗就是由特定历史阶段、特定种群民族、特定地域范围的人民世代沿袭所传承下来的,生动地保留并表现了特定人群的生存状态、生产习俗、生活风貌、伦理观念等,是认识一个民族、一种文化、一段历史、一方地域的鲜活的方式和手段。

例如,"民宿+非遗"产品开发中,应坚持地域性原则。非遗在与民宿融合过程中,其空间设计一定要结合地域文化,体现出差异化的生活方式与地域文化表达的理念,将当地生态、地域特色文化、传统生活方式等嵌入到建筑形式、室内布局、装修装饰、家具物件中,实现"家""人""体验"与"地域特色文化"融合的氛围,通过场景化的非遗展示和体验,让旅游者更加了解当地非物质文化遗产的价值与内涵。例如,黄山市的民宿,多数由徽州古民居古建筑改造而来,以黄山的山水为空间背景,以徽州文化体验为活动内容,打造具有浓烈古徽州风格的主题客房和厅堂,确实给外来旅游者耳目一新的感觉,深受旅游者的喜爱。

图 5-12　安徽黟县卢村古民居

2. 传承性原则

我国非遗保护工作的指导方针是"保护为主、抢救第一、合理利用、传承发展",非遗重要的历史意义和价值正是通过传承的方式来实现。从非遗的定义和特征来看,活态或再生产是非遗生存的希望,非遗的保护并不局限于静态固化的记录延续,而更重视"传承中发展、发展中传承",以活态方式延续其生命力。

在"民宿+非遗"产品开发中,应坚持传承性原则。民宿的非遗传承需融合市场,开展非遗展示、体验活动,开发非遗创意产业,这也是活态传承的关键。许多传统手工工艺,随着时代进步,已经在社会分工中失去功能和作用。例如,焗碗、竹编、蜡染、铁艺等手工行业,已逐渐远离百姓的日常生活了,如不保护,技艺面临着失传。民宿可以将这些非遗技艺开发成体验项目或传统工艺品,这样也是助力非遗技艺传承。例如,杭州那天手工艺主题民宿,所有房间的床上用品均采用植物蓝染,由手工匠人手工制作而成;洗漱用品均为店主亲手制作的液体手工皂,亲近自然并健康无伤害。那天民宿每周还开设手工课堂,和手工艺人一起体验各种手工艺,不仅通过精致的文化表达,将非遗资源变成了文化财富,又能通过丰富多彩的体验活动,吸引旅游者,将非遗技艺活态传承下去。

3. 创新性原则

"以古人之规矩,开自己之生面",创新是对非遗文化最好的传承。因为非遗不仅仅代表历史,更应该满足当下,适应未来,非遗传承必须与时代同步。因此,要让非遗"活下去"并且"活起来",需要用时代的新视角、新理念、新技术、新方法,把具有历史感的非遗与现代社会有效连接,让非遗"融入社会、融入生活、融入时代"。历史上,中国三大传统节日之一的端午节最早就是单纯的祭祀活动和驱毒避邪的节令习俗,但经过各个朝代不断创新发展,丰富内涵,才逐步衍生出各地丰富多彩的祭祀、游艺、保健等民间活动,包括祭祀屈原、插艾蒿、挂菖蒲、吃粽子、龙舟竞渡、除五毒等,这也说明非遗应顺应时代变化,才能更好地传承发展。

开发"民宿+非遗"产品应坚持创新性原则。在这个飞速发展的经济社会,非遗传承不仅仅是让人们了解历史文化,更是让现代社会的人们用创新的理念、创新的模式去推动其发展。例如,小罐茶用创新的手段去传承中国名茶的制作工艺,取得了良好的效果。小罐茶外表是现代的、国际的,但灵魂是传统的、中国的。消费者看见它的罐子、包装的时候，会觉得它很现代，没有国度的界限，但是撕开盖子的时候，便知道这是中国茶叶，变化的是表象和载体，不变的是内涵和传统制作技艺。这既是传承，也是创新。

三、非遗产品开发形式

目前，非遗产品的开发，主要有两个途径：一个是生产性开发，生产系列的非遗文创产品；另一个是旅游开发，打造综合性旅游产品。"民宿＋非遗"产品的开发也不例外，主要有以下几种形式。

1. 展示非遗文化

通过民宿展示非遗文化，一方面丰富民宿的文化内涵，增强游客的文化体验；另一方面为非遗开辟了新的展示窗口，使非遗在时代潮流中焕发出新的生机和活力，这是目前很多民宿的选择，也是"民宿＋非遗"产品开发的主要形式。

民宿与非遗最常见的融合和展示，主要体现在空间营造、内部装饰和环境景观设计上，具体的开发过程，应注意以下几点。

第一，民宿应注重建筑风格和非遗文化内核的统一，如建筑形式可采用具有地域特色的建筑风格；建造技术可采用传统木结构，运用卯榫技术等。

第二，在空间装饰上，采用砖雕、石雕、木雕、绘画、剪纸等传统装饰艺术。

第三，在民宿景观设施上，通过厚植非遗元素，展示传统技艺，将非遗元素融入到民宿家具、灯具、指示牌、雕塑品、书画作品等多个方面，以提升民宿景观形象和文化内涵，让旅游者直观感受到原汁原味的地域特色文化。

第四，巧妙运用现代声、像、灯光手段，通过图片、照片、音频、视频及灯光秀等形式，活态展示传统戏曲、舞蹈、音乐、民俗活动等非遗文化。

一些非遗主题民宿，像唐卡民宿、剪纸民宿、陶艺民宿、民族服饰主题民宿等，就是让众多非遗元素与民宿浑然一体、相得益彰。例如，黟县拾庭画驿，占地十余亩，背山临水，独具徽州文化特色。民宿由明清两代的数栋徽州古民居改造而成，是一个既具徽派特色，又具时尚风格，将传统与创新元素糅合在一起的精品民宿。其外观呈现"粉墙黛瓦马头墙"的徽派建筑特征，气势恢宏的木雕楼展示出"徽州四雕"，还有十多处独具特色的徽派园林景观。走进拾庭画驿民宿，非遗元素处处可见，展示琴、棋、书、画、茶艺的大厅，独立的画室、茶室、酒吧，可以登高望远的摄影亭阁；墙上、家具上、展示柜上各种徽州老物件和非遗产品琳琅满目。这样一个诗情画意般的环境，让旅游者流连忘返，吸睛指数很高。

图 5-13　中国传统艺术剪纸：松鹤延年

2. 复活非遗活动

"非遗"背后有"人"的意义。说到底，民宿是用来住人的"家屋"，除了提供更多的非遗展示外，民宿还可复活形式多样的非遗常态化活动，让非遗"见人、见物、见生活"，激发旅游者的兴趣和热情。

民宿复活非遗活动，就是让身怀绝技的非遗传承人现场演示非遗技艺，制作手工作品，旅游者参与交流、体验，沉浸式分享、体验匠心匠艺与地道风物，致力将非遗文化有机地融入旅游者旅居生活。因此，民宿可以结合地方特色，邀请非遗传承人开展染布、绘画、泥塑、造纸、做月饼、包粽子等各种非遗演示活动，还可以开展少数民族、传统民俗文化表演活动。

温州文成县十亩之间民宿推出二十四节气和传统节日亲子游、庭院读书会、云江论坛等固定品牌活动，开展手工造纸、扎染、包粽子、石雕等各种非遗活动；西坑镇让川悦慢民宿则主打畲族文化体验，相继开发了畲族三月三、拦路亲、婚嫁表演、长桌宴等畲乡习俗活动。

3. 研习非遗技艺

民宿产业之所以异军突起，是因为能满足旅游者的参与性和体验性需求。非遗技艺研习过程，就是一个参与性和体验性过程。利用民宿的空间，让非遗传承人与旅游者进行零距离交流讨论，开展研习活动，可以促使更多的人了解、认知、从事非遗相关项目，既能为非遗创造一个良好的传承和发展环境，也为民宿创新了产品，提升经济效益和社会效益。

民宿开发研习非遗技艺产品，是从"非遗进民宿"到"非遗在民宿"的过程，也是非遗从展示的低阶产品升级到体验的高阶产品的过程，核心在体验活动的设计。因此，在非遗产品开发与管理服务过程中，应通过对非遗的形态、技艺、观念的展示和表达，为旅游者提供独特的文化、情感和消费体验。

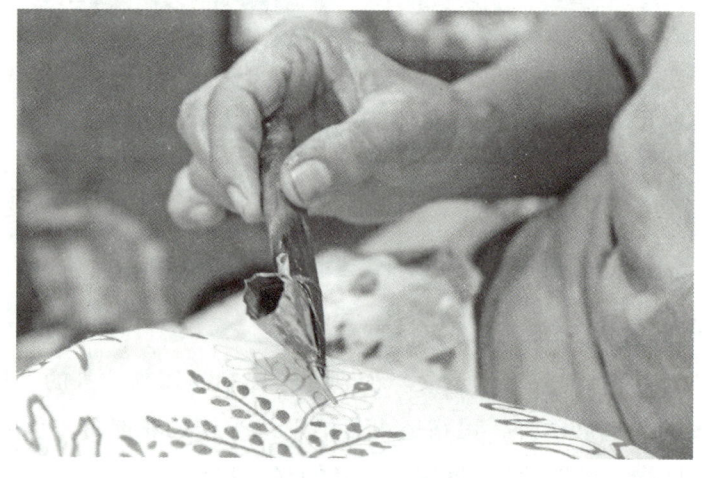

图 5-14　蜡染

浙江乐清市黄檀硐古村的下垟大宅民宿，每天会提供游客非遗项目体验菜单，游客可以自主点单，选择特色非遗，如传统织布、蓝夹缬技艺、细纹刻纸、米塑等；或者体验民俗，如捣麻糍、传统剪纸、农家耕作、瓦片画等，民宿根据点单情况报价，邀请非遗传承人前来上课交流、授艺互动。黄山市屯溪区为提升特色民宿的文化内涵，组织徽州漆器髹饰、徽州竹雕、徽州茶道、手工瓷制作技艺等非遗项目传承人，走进纳谷庄园、山水间等一批特色民宿。体验茶道，DIY 手工陶瓷，近距离观赏徽州竹雕……在纳谷庄园、山水间等民宿内，游客可以在不经意间与非遗来一次亲密接触，可以亲手制作一个陶瓷、用传统技艺泡一壶茶、学两手雕刻手法等，亲身体验扎根在乡村民间的非遗文化，让旅游者更直观地感受非遗魅力，体验非遗传承人的匠心匠艺。

4. 开发文创产品

非遗文创化，是以传统手工技艺为切入点，通过技术、创意和产业化的方式进行文旅产品的开发，把传统非遗的元素嫁接到新的载体上。非遗创意衍生产品的设计和开发，可以进一步激发非遗资源的生命力。

民宿开发文创产品，就是要把非遗内在的文化价值和外在的形象品质有机结合起来，产品应与现实生活相结合，能集中展示出非遗文化元素，让非遗传承人的作品得到社会认可。

温州市文成县寒舍迴塘民宿，引入石雕项目代表性传承人创办的"有文乃成"文创公司，对非遗文创产品进行研发和制造。为此，寒舍迴塘民宿设立了"木直手作"工作室，集产品销售、石雕知识普及和体验于一体，客人可以亲自参与自己所购买的玉石书签的打磨和刻字，同时，还有玉石书签、玉石挂件、石雕摆件、陶瓷器皿等二十余件非遗文创产品可以作为伴手礼，是"带的走"的非遗文化。黄山市徽州区金溪南岸民宿，围绕西溪南古村落的"溪南八景"，研发了"溪南八景"茶，可以在民宿品尝，也可以作为伴手礼带走。他们还与周围村民合作，选拔、培训多位优秀农家厨娘，建立"流动厨房"，各怀绝技的厨娘都能烹饪几道独特、拿手的好菜，能够根据客人需求，随时上门制作原汁原味的徽菜，让旅居者足不出户，就可尝遍徽州美食。

四、特色非遗产品开发实例

创意民宿飘出美食的芳香

黄山市徽州区西溪南镇的溪香花园追求大自然和原生态的理念，把艺术融入生活。民宿主是一位热爱生活的创意达人，本着"寻觅一处花香，让忙碌的身心得到舒展；品鉴一番美味，在大快朵颐中感受岁月的宁静与美好"的想法，将溪香花园民宿建设成诗意田园般的世外桃源，在其民宿里，有芳香，更有充满创意感的艺术作品，成为民宿经营中的佼佼者。

民宿主通过土地流转的方式，承包了20多亩土地，用来种植中药材、果蔬、鲜花和稻米，打造了一个百宝园。经过几年的精心培育，现在的百宝园里长满了珍稀的草药和瓜果蔬菜。民宿主用新鲜香料植物，制作线香、手工香皂、沐浴露等；承袭省级非遗新安医学的中草药制作技艺，用种植的中药材制作防蚊膏、香囊等；将成熟的瓜果制作成果酱；使用省级非遗五城米酒酿造技艺，将种植的甘蔗、黑米酿造成美酒；结合徽州的各种面点小吃的制作技艺，采用地道的徽州食材，生产各种时尚糕点等。例如，中秋节月饼，都是自制的，而且在创意上推陈出新，造型别致，有的似莲花、有的似梅花、有方形、有圆形，也有多边形，都是民宿主用亲手特制的模具制作出来的。

溪香花园走出了一条文创之路，溪香品牌的文创产品越来越受欢迎，已经由单纯的住宿型民宿发展为"民宿＋文创"的线上网红店铺。从2020年至今，受新冠肺炎疫情的影响，民宿的入住率下降明显，但溪香花园微店上的非遗文创产品，却成为溪香的另一个招牌，线上销售收入已经占整个民宿收入50%以上。

（资料来源：搜狐网《创意民宿飘出美食的芳香》）

第四节 人文雅集

【案例导入】

"非遗式民宿"，传统文化的影子在这里都有

无锡阳山桃夭艺舍是一个独具特色的民宿，以传统的扎染、瓷器、木雕、香道、花道、茶道等为主题，民宿内有多种非遗项目，从展示到参与，再到体验，似一座微型的"艺术博物馆"，被誉为"非遗式民宿"。

桃夭艺舍民宿以老木、竹器为主基调，陈设了上千种展品，从书画、木雕、瓷器到折扇、盆景，并将中式"九礼"精髓蕴藏其中，用全新的方式体现东方之美。

"关关雎鸠，在河之洲""青青子衿，悠悠我心"……《诗经》中这些诗句，很多人都不陌生。桃夭艺舍把这些句子变成一间间客房的名字，再以扎染、瓷器、木雕、香道、花道、茶道、剪纸、书画等作为主题，体现不同特色，别有一番意境。其兼葭、灼华、荇莱等客房，对应书、画、雕、杂件等非遗项目，成为不同房间的特色。

民宿内经常举办不同的人文雅集活动，书画名家和爱好者泼墨挥毫，多

功能厅的古琴、茶道、诗经抄写等体验，让旅游者玩得不亦乐乎，花房内的砖拓、美工涂鸦、手工制作等，则散发出浓浓的传统文化气息。

让旅游者学习中华优秀传统文化，陶冶艺术情操，成为桃夭艺舍民宿的主要特色。

【案例分析】

民宿举办人文雅集活动，可以丰富民宿的内涵和特色，提升民宿的品位和品牌。目前，很多民宿都开展茶艺、插花、咖啡等雅集活动，但还需进一步挖掘地域特色资源，拓展人文雅集的范围，彰显民宿的特色、品位和品牌。

【思考】

1. 什么是人文雅集？举办人文雅集活动对民宿产品的开发有什么重要意义？
2. 民宿如何结合当地特色文化资源开发人文雅集产品？

一、人文雅集定义与特征

（一）人文雅集定义

人文雅集没有统一、标准的定义。《现代汉语词典》中，对"人文"的定义为人类社会的各种文化现象；"雅"的意思是高尚的、不粗俗的；"集"的意思是聚集、集会。据此，可以这样定义，人文雅集是指人类社会中各种风雅的文化集会现象。

"雅集"一词源于中国文化史上著名的"西园雅集"，北宋时的文豪苏轼、苏辙、黄庭坚、秦观等人集会于西园，写诗作文，品茶寻韵。但更早期就有类似的活动，现代人常常称其为雅集，如东晋"兰亭"集会，被称为"兰亭雅集"。因此，雅集通常是指文人雅士吟咏诗文、议论学问的集会，所以又称为文人雅集。古代雅集活动的关键是吟咏诗文，古人作诗要反复吟咏，最后成稿，所谓"吟咏诗文"，就是在雅集现场按照集会主题创作诗文。史上著名的东晋"兰亭"雅集、唐朝"滕王阁"雅集等，无一例外都是以诗文创作、吟咏为主。"滕王阁"雅集让王勃以《滕王阁序》一举成名，斐名文坛，确立了"初唐四杰"之首的地位；"兰亭"雅集，则成就了王羲之千古名篇《兰亭集序》，它被誉为天下第一行书书法作品。

古代雅集活动，吟诗作文唱主角，现场有其他的文雅活动，如琴、棋、书、画、茶道、花艺等,但只是配角。现代人文雅集,虽不能比肩古代文人雅士吟诗作文的风雅之举,但雅集的组织形式、内容和文化特色上有了很大的变化,比古代雅集意义更宽泛,只要是弘扬中国传统文化的精华,诸如琴、棋、书、画、茶、酒、香、花、太极、武术、中医、昆曲、紫砂、青花等传统雅文化元素,以器载道,来正心、明理、悦性、雅趣、尚礼、崇德、康体的演出集会,都可泛称为雅集。

(二)人文雅集特征

1. 文化性

雅集,是风雅之人的集会。"雅"是其性质,"集"是其内容。古代文人雅士,以诗、词、曲、赋、琴、棋、书、画等为主要媒介,在与他人的交游唱和中抒发心志理想,是一种"游戏于斯文"的文化活动。雅集"或十日一会,或月一寻盟",将文人凝结在一起,激发了文人的创造力,扩大了文人的交往范围,带动了整个社会文化品位的变化,成为中国文化史上的独特景观,这就是文化性的体现。

2. 主题性

人文雅集应因时、因地而设置不同的主题开展活动,"以文会友""以艺会友""以茶会友"……如诗文朗诵、乐器演奏以及中国茶道等,让现代人感受不一样的文化之美,领略优秀的传统文化。

例如,浙江温岭海山生活民宿曾举办"春日之海"艺术雅集。在春光明媚的季节,邀请知名书画家和书画爱好者一起,以海为主题,听涛观潮,吟诗作赋,写生抒怀。现场书写大海、描绘大海、歌颂大海,进行听海赏字画、品茗看海山等活动。

3. 兴趣性

古代雅集是文人因"所好之事"而聚会,如吟诗谈文、切磋书画琴棋技艺等,多为同道之友自发组织,一般是由文人牵头举办,参加的主体成员也由文人组成,即使是商人附庸风雅而组织"雅集",也必定邀请文人参与其中。现代人文雅集,通常也是由一群拥有共同兴趣或志同道合的专家学者和爱好者围绕一个主题开展活动。

4. 随意性

雅集有点类似学术会议,专家学者和爱好者一起交流探讨,提高水平,但又有别于学术会议,是一种轻松愉悦的聚会。古代雅集聚会和交流的主要形式是游山玩水、诗酒唱和、书画遣兴与文艺品鉴，因而带有很强的游艺功能与娱乐性质，以文会友、切磋文艺，娱乐为基本目的。因此，人文雅集最重要的特征是随意性，"以集消闲、娱乐于艺"，让集会者能够畅所欲言，在轻松愉悦的氛围里交流探讨。

图 5-15　河畔音乐会场景

二、人文雅集设计流程

（一）确定主题

现代人文雅集形式和内容宽泛，主题元素繁多。民宿开展雅集活动主题时，依据民宿主掌握的资源和集会者的需要，因时、因地、因人、因艺而设置不同的主题。或琴棋书画、或艺术鉴赏、或吟诗颂词、或切磋传统技艺等；也可以按照时节，举办端午、中秋等雅集活动。

黄山市黟县珠川客栈，主人喜爱书画艺术，以琴棋书画为乐，充满雅趣。客栈将徽派建筑与书画艺术相结合，装修风格古朴典雅，玄虚画派艺术风格与古徽州建筑文化进行跨时空对话。内有琴、棋、书、画、诗、酒、茶等，并在大堂等公共空间以及各个特色客房内陈列了艺术家的作品和主人收藏的各类古玩。主人经常举办书画艺术主题的雅集活动，邀请一些书画家参加集会，相互切磋技艺，一些书画爱好者慕名而去，以集会友，交往于艺。

（二）制订方案

对于定期或不定期举办的雅集活动，民宿主应制订详细的活动方案，包括雅集主题、举办时间和地点、主要内容和形式、出席的专家学者等。

例如，中秋节是赏月的绝佳时节。民宿主可以围绕赏月，举办中秋雅集活动。

"以文会友　中秋共赏"雅集活动方案

活动地址：××地点

活动时间：中秋晚19∶00

活动主题：以文会友 中秋共赏

活动内容：吃月饼，赏中秋圆月

　　　　　悦琴音，享中华天籁

　　　　　猜灯谜，习传统风俗

　　　　　吟诗词，通古人慧识

　　　　　喝好茶，品云华醇茗

　　　　　论书法，以文庆佳节

活动主办方：××民宿

特邀出席人员：将邀请书画大师、古琴演奏大师、民俗学者等知名人士参与雅集活动

（三）创设氛围

民宿主在开展人文雅集活动的时候，公共空间环境氛围的设计和布置非常重要，既要满足使用功能的需求，还要体现雅集活动的主题，通过环境氛围的创设，更好地促进与会者的交流。

例如，广东深圳大鹏区葵涌街道官湖的 MUSIC CLUB（MC）社会，属于一个音乐民宿，生长在音乐世家的民宿主就是希望给热爱音乐的人提供一个近距离接触舞台的机会。作为一家音乐客栈，音乐元素自然少不了，17个房间里都展现出音乐的元素，包括挂件、摆件都是一些定制的乐器。而最吸引人的就是一楼的大空间公共区域，整片区域就是一个完整的音乐舞台，拥有高配置的灯光、调音台、话筒和观众席，以及各种乐器。MC 社会创设了一个音乐主题的环境氛围，让那些喜欢音乐的人能融入其中，一起玩音乐、一起探讨音乐。

（四）邀请专业人士

参与雅集的人士，多为志同道合者，你唱我和，有酬有应，即情即景，有答有对。大家既是作者，也是赏者；既合作，也竞赏，在同乐共兴中对文学和艺术即兴品评。如果民宿主自己就是某个领域的行家，举办熟悉领域的雅集活动，可以由主人自己表演或展示技艺，答疑解惑。更多的雅集活动，民宿主则需要围绕主题和内容，邀请专业人士、知名专家、非遗传承人等参与，以提高雅集活动的质量。

（五）创新形式

目前，多数民宿主都组织游客举办品茗、插花、剪纸等活动，可能称不上人文雅集，但实质上都是一些雅集活动。但这些活动往往内容和形式比较一致，过于同质化，缺乏创意，因此，旅游者对此兴趣不高。人文雅集活动也应创新形式，打造新产品，将传统与时尚融合、优秀文化与现代生活或娱乐方式融合，才能激起游客的兴趣。比如，开展吟诗颂词的雅集活动，可以采取中国诗词大会的"飞花令"形式；又如，扬州的重构空间民宿，在自然花艺（插花）活动时，一改传统插花需要使用花泥、花插等辅助材料的习惯，只使用最少的植物枝条，以自然简单的固枝法来完成作品，真正诠释了花草的天然美。这种创新的插花形式，虽然提高了花艺的难度，但也为参与者提供了更大的创意空间，比较受游客的欢迎。

时下，"剧本杀"很受年轻人的喜欢，不少民宿主也尝试在民宿内开展"剧本杀"活动。成都市新津区天府农博园以"天府农耕文化"为主题，组织旅游者开展剧本杀活动，将"剧本杀"实景搬进农田，以天府之国的农业发展为线索，串联了成都平原的重要历史节点："宝墩文明""三星堆文明""金沙文明"等内容，让参与的游客沉浸式体验成都平原数千年来的发展与改变，开启一段"寻根之旅"，乐享农耕体验。

三、特色人文雅集开发实例

徽州乡绅音乐雅集

黄山市徽州区民宿清溪涵月的主人原是深圳高科技企业高管。几十年来，一直忙碌穿梭于各大城市，从北到南，从国内到国际。光怪陆离的都市生活对他渐渐地失去了吸引力，于是移居徽州，转身为"乡绅"，以乡绅之责为己任，继承和发扬中国传统"乡贤士绅精神"，提倡"自然、自律、自在"的乡绅理念，致力于促进美丽乡村建设。

2019年3月至4月，清溪涵月主人邀请数十名中国优秀音乐家聚集民宿，举办了徽州乡绅音乐雅集活动。参加演出的演奏家有20多位，都是国内音乐界的翘楚。雅集持续四天，安排了大大小小近十场音乐会，场地分别在西溪南的枫杨林、老屋阁、清溪涵月的河边和草庐里……

图5-16 黄山西溪南村

例如，在西溪南枫杨林举办的音乐会，数十名优秀音乐家以娴熟的技艺，倾情演绎了多首经典传统曲目，让驻留西溪南的旅游者大饱耳福。演奏乐器近十种，包括小闷笛、唢呐、古筝、琵琶、鼓等，慕名而来的旅游者众多。此次雅集被誉为"行走中的音乐会"，来访的旅游者在行走时一边观赏枫杨林美丽的春色，一边品味着大师们带来的音乐盛宴。

因场地限制，尤其在室外进行的音乐会，音乐效果自然受到一定影响，清溪涵月的主人认为，此次音乐雅集不一定是一次完美的音乐呈现，但做了一次有意义的探索和尝试，为以后的民间音乐交流提供参照样本。今后的音乐雅集可以更多尝试在户外的自然环境中演出，让观众有更好地沉浸式感受，最终让音乐在人们的心里扎根，生发成茂密的森林。

【拓展知识 5-2】

如何创新开发民宿主题产品

近年来，民宿作为一种有情怀和个性特色突出的"非标饭店"，深得旅游者喜爱，已成为旅游住宿市场的重要组成部分。在经历了高速发展阶段后，民宿面临的问题也逐渐彰显，不少民宿出现入住率下降、收益不高的现象。上海云掌柜集团发布的《2020年民宿行业数据报告》显示，2020年全国民宿平均入住率为38.5%、平均客单价317元、平均客房收益122元；其中50%民宿入住率低于37%，头部的20%民宿入住率为62.4%。数据说明，目前民宿发展不平衡的问题比较突出，一些声名鹊起的民宿一房难订，而一般的民宿入住率不足50%，非节假日几乎无人光顾。究其原因，主要是不少民宿主重模仿、轻创意，特色不明显，缺乏主题产品。无论是建筑风格、室内装潢等硬件设施，还是食宿服务、体验分享等方面都非常相似，缺少地方特色，无法给旅游者提供期待的独特体验，时间久了，自然难以经营。

当前，游客对住宿需求向"第三空间"转变，追求住宿场景多样化，不少地区开始出现各种业态与民宿融合的新形式，即"民宿+"的主题产品，如"民宿+研学""民宿+文创""民宿+桌游""民宿+旅拍""民宿+婚庆"等，已有不少"民宿+"的成功案例。

那么，如何创新开发民宿主题产品？

山东省日照市不负·大暖帐野奢美宿部落坐落于3A级景区泉山云顶风景区内，除了依托景区经营坐山拥海的观光游览和食宿基本业务外，还充分利用民宿周围资源，创新开发了一系列的"民宿+"主题产品，受到了众多游客的青睐，成为民宿行业的"爆品"。例如，"民宿+茶文化"，利用日照海拔最高的茶园，开展识茶、采茶、品茶、评茶、购茶等活动。在这里，游游可以背上小背篓，化身小小采茶童，体验采茶乐趣，用相机记录下这份美好记忆；"民宿+旅拍"，利用泉山云顶景区网红打卡摄影胜地，举办婚纱写真摄影、摄影书画艺术展览等活动，开展摄影文化艺术交流；"民宿+儿童乐园"，建设了噜噜王国儿童乐园，以儿童熟知的小猪噜噜为主题，设有各种游乐设施，还有大量幽默、诙谐的文字和画面贯穿其中；"民宿+非遗"，利用远近闻名的豆腐村大暖帐村的正宗古法豆腐制作技艺，修建了古法豆腐坊，聘请当地的豆腐匠人用传统工艺制作、展示正宗的卤水古法豆腐，旅游者可以吃上一块刚出锅的豆腐或亲手参与传统豆腐的制作；还有露天泳池、烧烤咖啡、木艺制作、人文雅集等活动……

思考与练习

一、简答题

1. 研学旅行产品有哪些类型？具备什么特征？
2. "民宿+"非遗产品开发有哪些形式？

二、实训题

1. 结合民宿及其周边研学旅行资源特色，设计一个研学旅行（或亲子项目）专题课程。

实训项目	研学旅行（或亲子项目）专题课程设计
实训地点	**民宿
实训目的与要求	为了体现研学旅行"育人"的目标，结合民宿及其周边研学旅行资源特色，设计一个研学旅行（或亲子项目）专题课程，寓教于乐，以达到"立德树人"的根本任务
实训设备及材料准备	笔记本、电脑等
模拟情境描述	组织学生赴当地**民宿或学校校外研学旅行基（营）地，在调查、收集民宿及其周边研学旅行资源特色的基础上，结合不同学段（年龄）的中小学生特点设计一个研学旅行（或亲子项目）专题课程。包括研学旅行课程主题设计、目标设计、内容（活动流程）设计、教学方法设计、资源设计和专题方案设计等内容
模拟训练要求	1. 学生分组，六人一个小组，通过访谈、实地调查，收集民宿及其周边研学旅行资源的相关信息 2. 设计一个完整的研学旅行专题课程，必须有鲜明的主题、明确的目标、生动有趣的内容（活动）、针对性的教学方法、恰当的资源选择和合理的专题方案等内容 3. 学生分工明确，团结协作，合理、有序、深入地开展各项工作
任务考核	任课教师、民宿管家、民宿主人对学生的专题课程进行评估，对课程的合理性、专业性、创新性、可操作性进行评价打分

参考文献

1. 魏巴德，邓音.研学旅行实操手册［M］.北京：教育科学出版社，2020.
2. 薛兵旺，杨崇君.研学旅行概论［M］.北京：旅游教育出版社，2020.
3. 李岑虎.研学旅行课程设计［M］.北京：旅游教育出版社，2020.
4. 王文章.非物质文化遗产概论［M］.北京：教育科学出版社，2013.
5. 马知遥，孙悦.文化创意和非遗保护［M］.天津：天津大学出版社，2013.
6. 黄山市旅游委员会，黄山市教育局.研学黄山［M］.北京：北京出版社，2018.
7. 黄山市文化和旅游局.黄山市文化旅游融合发展十大案例［M］.黄山：黄山市文化和旅游局编印，2019.
8. 黄山市徽州民宿协会.徽州民宿［M］.黄山：黄山市徽州民宿协会编印，2020.
9. 张琰，侯新冬.民宿服务管理［M］.上海：上海交通大学出版社，2019.
10. 叶秀霜，章艺.民宿服务与管理［M］.北京：高等教育出版社，2021.
11. 洪涛，苏炜.民宿运营与管理［M］.北京：旅游教育出版社，2019.
12. 周承君，何章强，袁诗群.文创产品设计［M］.北京：化学工业出版社，2019.
13. 张颖娉.文化创意产品设计及案例［M］.北京：化学工业出版社，2020.
14. 王俊涛.文创开发与设计［M］.北京：中国轻工业出版社，2019.